爱立方爱故事 ❺

用故事喂大孩子

培养有梦想、豁达勇敢的孩子

故事达妈团队 / 著

中国妇女出版社

图书在版编目（CIP）数据

用故事喂大孩子. 培养有梦想、豁达勇敢的孩子 / 故事达妈团队著. —北京：中国妇女出版社，2014.6
（爱立方爱故事；5）
ISBN 978-7-5127-0835-8

Ⅰ. ①用… Ⅱ. ①故… Ⅲ. ①家庭教育 Ⅳ. ①G78

中国版本图书馆CIP数据核字（2014）第029930号

用故事喂大孩子——培养有梦想、豁达勇敢的孩子

作　　者：故事达妈团队　著
责任编辑：李志国
封面设计：尚世视觉
版式设计：陈佳佳
责任印制：王卫东
出版发行：中国妇女出版社
地　　址：北京东城区史家胡同甲24号　　邮政编码：100010
电　　话：（010）65133160（发行部）　65133161（邮购）
网　　址：www.womenbooks.com.cn
经　　销：各地新华书店
印　　刷：三河市九洲财鑫印刷有限公司
开　　本：165×235　1/16
印　　张：13.5
字　　数：155千字
版　　次：2014年6月第1版
印　　次：2014年6月第1次
书　　号：ISBN 978-7-5127-0835-8
定　　价：32.00元

序 言

故事知道怎么办

哪个孩子不爱听故事？哪个妈妈不讲故事给孩子听？

台湾亲子达人汪培珽提倡，要像喂牛奶一样，每天“喂”故事书给孩子。德国教养专家也指出，父母的教养主张，都已经暗含在故事里了。在孩子出现这样那样的问题时，只要开对“故事药方”就可以了。

作为一个从孩子半岁起就给孩子讲故事的妈妈来说，故事的确具有神奇的魔力！小小的婴孩，只要听到你讲的情节欢快、语气轻松的故事，就会露出甜美的笑容，真是莫大的神奇！

转眼间，我的孩子已经5岁半了，在这有故事陪伴的5年时间里，他结识了很多故事里的伙伴：从“小兔子汤姆”系列里的小汤姆，到“青蛙弗洛格”，再到“花格子大象艾玛”，到如今《西游记》里的孙悟空、《少年三国》里的英雄人物。

在这些或温暖感人、或惊险刺激、或积极向上的故事里，孩子不但能够进入一个又一个神奇的想象世界，还能够跟随主人公去冒险，去想办法解决问题，帮助主人公找到缺点，并为“他”提出建议。在这个过程中，孩子的想象力获得了提高，思维也得到了锻炼。

人在童年时期，对于故事是多么渴望啊！尽管有非常多好玩儿的玩具，有丰富多彩的活动，只要妈妈喊：“快来听故事喽！”我们总是放下正在玩的游戏跑到妈妈身边，坐在妈妈怀里，舒舒服服地开始神奇的想象之旅。

从孩子可以听简单情节的温馨故事开始，到孩子彻底不再听妈妈讲故事，自己选择喜欢的故事去读，这中间七八年的时间里，要“喂”多少故事给孩子啊！即使每天讲一个故事，也要讲两三千个故事呢！

这两三千个故事要怎么选呢？随便拿起一本故事书就给孩子讲吗？

现在，市面上冠以“睡前故事”“女孩必看的故事”“男孩必看的故事”等字眼的故事书非常多，随便选择一本，照着书上的文字念就可以了吗？

细细想想，仅仅给孩子讲故事，就有很大的学问呢！这也正是为什么台湾会有一个专门“演故事”的“张爸爸绘本馆”的原因了。

讲故事看似简单，但是因为每天都要进行，而且要持续很多年，所以它的教育意义十分重大，家长一定要给予足够的重视。

而且，孩子最容易记住的，正是故事的语言。如果把你的希望、要求融合进故事里，孩子在听故事的过程中，不知不觉就吸纳了这些，那么故事就不仅仅是一种消遣娱乐了，而成为一种潜移默化的教育。从这个角度看，靠讲故事养出完美孩子是有可能的哦！

正是从这个思路出发，我们策划出版了这套系列丛书。每本书围绕一个大的教养主题，按照关键词选取了最适合这个主题的故事。这些故事从市面上最经典、最受欢迎的故事书中摘选，避免了过于书面化的语言，用孩子能够听懂的口语化的语言重新叙述。忙碌的妈妈们不用再花时间搜罗，就可以和孩子分享最优秀、最精彩的故事。

每个故事后面都根据故事内容和特点，给出了与孩子分享这个故事时，应该引导孩子注意的一些要点。利用这些要点，父母可以和孩子一起进行“思维体操”，锻炼孩子思维的弹性和发现问题、解决问题的能力。很多西方的故事本身立足于对孩子进行生活启蒙。对于这类故事，在讲故事的过程中以及故事讲完之后，与孩子一起进行探讨是非常必要的。在探讨的过程中，可以帮助孩子理解诸如“爱”“友谊”“化解冲突”等问题。讲叙这样的故事时，父母一定要引导得力，孩子才会从中获益。

在每个小节的最后部分，介绍了这些故事之所以成为经典的原因，还有我们的“故事达妈”们从美学、儿童心理学、哲学等角度的分析。很多获得国际大奖的绘本故事，在质朴的情节中暗含了非常深刻的内涵。我们的创作团队从自己的理解出发，阐释了这些故事的深刻含义：一方面，给父母提供一个重新看待这些故事的角度；另一方面，如果孩子长大了，再看这些绘本故事，家长就可以从更深层的角度，引领孩子去领略更精彩的内涵。很多故事能够使孩子终身受益，即使成人来读也会从中获得很大的收获。

最后介绍一下我们的创作团队。我们的创作团队由一群爱孩子，每天认真给孩子讲故事，并且享受亲子阅读的父母组成。这个队伍里，既有深受小朋友喜爱的绘本馆老师，也有专业的儿童阅读推广人，但更多的还是普通的父母。在这些父母中有坚持每天给孩子讲3个故事的小远妈（孩子6岁，亲子阅读5年）；有擅长用启发式问题调动孩子思维的西西妈（孩子10

岁，亲子阅读9年半）；有擅长从美学、哲学的角度引导孩子用更广阔视角看待问题的葱爸（孩子4岁，亲子阅读2年）；还有拥有一颗爱孩子的心，想把最好的精神盛宴给孩子的朵朵妈（孩子2岁，亲子阅读1年半）等。

希望这套饱含我们爱心、真心的书，能够帮助爱孩子的你！

北北妈

目录
CONTENTS

01 出发吧，新生活就在前面

为什么选择这个故事

☆一头驴、一只猫、一只公鸡和一条狗无法忍受年迈后在农场的待遇，于是决定一起离开农场，去自由之都不来梅当音乐家。出发吧，新生活就在前面！

☆人生就要充满希望，命运就要掌握在自己的手中。

☆经典的格林童话，流传200年。

《不来梅的音乐家》

从前有一头驴子，长年累月不知疲倦地拉磨拉车，送粮食。现在他老了，没有力气干活儿了，主人便打算把他杀掉。他感觉情况不妙，便逃了出来。他想到不来梅这个城市，去当一个音乐家。

驴子在路上看到了一条猎狗，累得大口喘着气。“狗老弟，为什么累成这样？”驴子问。

“唉，我老了，不能打猎了。主人要杀掉我，我只好逃了出来，跑得太快累得直喘气。命是保住了，可我怎么挣饭吃呢？”狗叹着气说。

“我要去不来梅，想到那里当音乐家。我们一起去吧，咱们一起办乐队，一个拉琴，一个敲鼓。”猎狗同意了，便跟驴子一起上路了。

很快，他们发现有只猫坐在路边，愁眉苦脸的。“猫先生，你这是怎么了，这么不开心，有什么不称心的事吗？”驴子问。

“唉！”猫叹了口气说，“死到临头，高兴不起来了。我上了年纪，牙也不锋利了，眼睛也花了，动作也不灵敏了，没法再捉老鼠了。狠心的女主人不想让我在炉子后边打呼噜，想淹死我。我现在虽然逃出来了，可是还不知道去哪里呢。”

“跟我们一起到不来梅吧。我们打算组建一个乐队，你也去那个城市当音乐家吧。”猫觉得这是个好主意，便跟他们一起走了。

三名落难者路过一个农户家，门前一只公鸡在拼命喊叫。“你为什么叫这么大声，真难听。”驴子说。

“我刚预报完天气呀，”公鸡说，“今天是我最后的机会了。明天是星期天，家里要来客人。女主人对厨师说，明天要用我来炖鸡汤。趁现在还能喊，拼命喊几声，不然就没机会喊了。”公鸡伤心地说。

“你跟我们去不来梅吧，”驴子说，“总比在这里等死强。你一定是最好的男高音，我们去那里办个乐队，一定差不了。”公鸡很愿意去，便跟他们一起走了。

然而，到不来梅要走很长时间，一天是到不了的。傍晚，他们路过一片树林，便打算在那里过夜。他们找到一棵大树，驴子和猎狗睡在树底下，猫和公鸡到了树上。公鸡爬得最高，一下子到了树梢上。

在入睡之前，公鸡往四周看了一下，发现远处有灯光，就说："离这里不远的地方肯定有人家，因为那里有灯光。"驴子说："我们去那里吧，那儿能睡得更舒服。"猎狗心里想，或许那里还能找到几根骨头呢，去那里也不错。

于是他们向着那个有灯光的地方走去。最后，他们来到了一个灯火辉煌的房屋前面。个头最高的驴子靠近窗子往里面看。

"什么人在里面？"公鸡问。"一桌丰盛的宴席，几个强盗正在大吃大喝，"驴子说，"要是我们能在那里该多好！"大家也都这么想。他们商议出一个办法，驴子一对前蹄搭在窗台上，狗跳到驴子的背上，再往上依次是猫和公鸡。他们准备好以后，便开始齐声大叫起来。驴的吼声、狗的吠声、猫的叫声、公鸡的喔喔声混合在一起。接着，只听哗啦一声，他们冲进了屋子，打翻了油灯，屋里顿时漆黑一片。强盗们听到这些怪叫声，又什么也看不清，以为有鬼，吓得赶紧逃走了。

随后，四个伙伴坐下来，开始对着桌上的美食狼吞虎咽。吃饱后，他们就按各自的习惯睡觉了。驴子趴在柴堆边，猎狗卧在门后，猫蜷在热乎乎的灶台边上，公鸡登上了横梁。走了一天的路，他们都很疲倦，所以很快睡着了。

强盗们逃了一段路觉得不对劲儿，又跑了回来。他们发现灯不亮了，也没有什么响声了。强盗头子便说："我们不该惊慌失措，该回去看看。"于是一个强盗被派去察看动静。他摸进厨房，想点上灯。半夜里，猫的两只眼睛像炭火一样红，他便拿火柴去点。猫一下子跳到他脸上，用爪子抓他，用唾沫吐他。强盗吓得拔腿就跑。他想从后门逃走，没想到被狗在腿上咬了一口。他经过院子里的柴堆，又被驴子踢了一脚。公鸡醒了，喔喔喔地叫个不停。

强盗没命地跑了回去，气喘吁吁地向头目汇报："哎呀，吓死我了！屋子里藏着个凶恶的妖婆，向我脸上吹气，还用长指甲抓我。门口一个恶汉，拿着刀砍了我的腿。院子里有个怪物，拿着棍子打我。屋顶上还藏着个法官，大喊要把我抓起来！"

强盗们从此以后再也不敢来这间屋子了。四位想去不来梅的音乐家，在这里过着自由自在的生活，再也没有搬走。

怎样讲好这个故事

♡命运掌握在自己手中

这个故事里有四个小动物，他们有一个共同点，那就是都面临着惨淡的晚年：驴子为主人辛勤劳作了一生，却因为老了拉不动磨要被主人杀掉，狗、猫、公鸡都是如此，老得不能够发挥自身的作用时，无一例外地都遭到主人的嫌弃，甚至有性命之忧。

可是在驴子的倡议下，他们有了新的生活目标，那就是去不来梅当一个音乐家。在路上，他们还发挥聪明才智，赶走了强盗，在一间屋子里过上了自由的生活。

从动物们最初的惨淡到后来的自由这个转变过程出发，可以简单、适度地给大一点儿的孩子讲一讲“命运”这个话题。

命运是什么呢？有人说，命运是上天注定的，我们要认命。而所谓的认命就是屈从于命运，如果四只动物是这么想的话，就没有这个充满励志情节的故事了。他们的命运不应该掌握在主人手里，说用就用，说杀就杀。看，只要他们心中充满希望，就会战胜厄运，获得自由的生活——他们的命运掌握在自己的手中。

在不来梅市政厅广场前的一角，有一尊名为《不来梅的音乐家》的雕塑，四只动物叠在一起，它创作于1951年，来这里游玩的人，都会用手去摸摸那个雕像，以获得某种力量。很多学校也喜欢带着孩子们来这里进行励志教育。因此，家长在讲故事的时候，不妨把雕塑的图片下载下来，结合实际的游乐景点来讲这个故事，帮助孩子更立体、直观地了解故事中的激励意义。

♡协作才会产生巨大的力量

四只动物智斗强盗那一段也比较有意思，他们叠在一起，开始齐声大叫。驴吼、狗吠、猫喵、鸡喔混合在一起，制造怪声，加上打翻油灯，黑漆漆看不清楚，强盗们都被吓跑了。而强盗们疑心大起，回来打探的时候，动物们又各自发挥其强项，抓的抓、咬的咬、踢的踢、警告的警告，彻底吓跑了强盗。要引导孩子明白，遇到困难时，应该积极地发挥群体的力量，合作才能制胜。

好故事为什么好

这是格林童话里的经典故事，也是一个颇具励志意味的小故事。动物们老了，无法为主人提供服务了，于是都陷入惨淡的境地。但是，在驴子的号召下，动物们拥有了新的生活目标，那就是去不来梅当音乐家。满怀对新生活的向往，他们才斗志昂扬，不仅逃离了厄运，还最终获得了自由的生活。这不禁令人感叹：命运，要掌握在自己的手中！

因为这个经典的故事，不来梅的市政广场上立起了一座四个动物叠在一起的雕像。《不来梅的音乐家》同时也赋予了不来梅这个小城深厚的艺术气息。可见一个经典故事的流传，无论是对于人的激励作用还是对于现实生活的熏染作用，都有着不可估量的意义。

02 乐观地去“发现”生活中的宝藏

为什么选择这个故事

☆一个旧沙发底下，竟然能飞出双胞胎弟弟、喝茶的大象……保护孩子的想象力，将会收获不一样的生活和幸福。

☆善于“发现”，生活将会变得不同。

《沙发底下藏着什么》

我们家的车坏了，但爸爸没有钱买新车。更糟糕的是，爸爸还把车钥匙给弄丢了。如果开不了车，爸爸就没法出去上班，这样的话，就挣不到钱，那么我们会变得更穷。因为找不到钥匙，爸爸看上去精神很差，他烦躁地翻着口袋，却只翻出一张纸条。唉，可怎么办呢，爸爸抓着他那头顶上所剩无几的头发，无计可施。

这时候，妹妹出了一个主意，她曾经丢过很多玩具，可都从沙发底下找了出来，所以，她建议爸爸也翻一翻沙发底下，说不定钥匙会在那里呢！

爸爸已经把书架翻了个遍，还是没有一点儿钥匙的影子，好吧，只能从沙发底下碰碰运气了。当爸爸把手伸向沙发底下的时候，他睁大了眼睛，我和弟弟妹妹都期待着，沙发底下会有什么东西呢？

竟然是一个毛线团，还有一枚钻石戒指，以及一小块菠萝皮和一条鳗鱼！爸爸继续翻找着，然后，一只蜘蛛爬了出来，一张唱片滚了出来，还有一片面包，怪不得沙发底下总是有臭味呢！这么多东西在底下，可真热闹啊。

你知道沙发下面还有什么吗？

哈哈，沙发底下飞出了一个双胞胎弟弟，还有一只平底锅。爸爸把平底锅顶在头上，和妹妹跳起了舞。我还在沙发底下找到了一把漂亮的小扇子。

当然，还不止这些哦，沙发底下还藏着一个海盗和他的藏宝图、一个马戏团的小丑、一条打盹儿的小龙。我还用梳子帮小龙整理鬃毛呢。沙发底下真是一个丰富的世界呀！

我们还在沙发底下找到了一个大蛋糕，于是，双胞胎弟弟围坐在蛋糕前，笑嘻嘻地享受着美味。而我则骑着一只鸭子开始狂奔。一条小蛇调皮地缠绕在爸爸身上，冲着爸爸使劲儿地笑。我还找到了一条珍珠项链，戴在了脖子上。最不可思议的是，一只巨大的卷毛狮子出现了，我爬上了它的背，我可从来没有骑过狮子呢，真好玩呀！

后来，沙发底下又跑出一对大象，它俩一个端着茶杯，一个端着茶壶，一头对着另一头倒茶水，而我那两个吃饱了蛋糕的弟弟，则一人靠着一只大象，闭着眼睛休息，哈哈，他俩都吃撑了。而我的爸爸找到了一双溜冰鞋，却被一只钻出来的大黄蜂追得到处跑。一只臭鼬和一只蜥蜴爬上了大象的头，一只印度老鼠蹲在大象脚底下，真是好不热闹！

最令我们惊奇的是，沙发下面居然还藏着我们寻找了好久的比尔叔叔的遗嘱，以及他留下的一钱箱金币！沙发底下原来藏着这么多幸福和财富呀！当然，还有一些不好的东西，比如垃圾。

爸爸若有所思地说："我找到了梦想，我明白了，生活原来是这样的。"爸爸再也不焦虑了，他说："开不了车，可以叫出租车呀。"这时候，沙发底下竟然钻出一辆出租车。

每个沙发底下都藏着惊喜，就像每个人内心被遗忘的角落一样，只要去发现，就会有幸福！不信你找找看。

怎样讲好这个故事

♡感受想象力带来的乐趣

这是一个充满了想象力的故事，老爸把车钥匙丢了，四下寻找未果，在沙发底下试试运气时，竟然翻出了很多东西。这些东西真是令人匪夷所思，建议家长找来原绘本，与孩子一同欣赏上面的亮丽色彩，感受画面的生动有趣。爸爸愁得揪自己所剩无几的头发，沙发底下居然飞出一个双胞胎弟弟、一对饮茶的大象……当然，好多东西，都是他们想象出来的，东西飞出来得越多、越奇异，也预示着他们的心情在转变，尤其是爸爸。丰富的想象力带来幽默的阅读体验，这会吸引孩子一直翻下去，钥匙会找到吗？沙发底下还有什么东西呢？让孩子自主感受沙发底下的乐趣吧！没准儿读完这个故事，你家的孩子也会翻一翻自家的沙发底下，体验一把寻找的乐趣呢。

♡善于“发现”，就会收获乐趣和希望

爸爸的车钥匙丢了，面临着无法上班的窘境，他为此愁眉苦脸。在孩子童真的建议下，他开始了一场“发现”的旅程。在沙发底下的寻找过程中，他发现了一些丢弃的小玩意儿、一些回忆、一些乐趣，并从中受到启发，重新燃起了对生活的希望。爸爸最后说的话意味深长：“我找到了梦想，我明白了生活是什么。”孩子们可能还无法理解爸爸嘴里的梦想和生活的含义，但他们会意识到，是“发现”改变了这一切。

和孩子讨论一下“发现”，是什么改变了这一家的处境呢？是“发现”，如果有一双善于“发现”的眼睛，那么，就会收获乐趣和希望。

“发现”是什么呢？是善于观察，用心灵体会自然界的每一个角落、别人身上的优点以及一切美好的事物。即使是在困境中，如果还保留着一双关于“发现”的眼睛，生活就会柳暗花明。孩子可能无法理解这个故事所蕴含的深义，但家长可因势利导，让孩子多去“发现”，将“发现”的种子植入孩子的心灵。一个具有观察力和思考力的孩子，能更好地认识生活、认识这个世界。

好故事为什么好

一个愁眉不展、濒临失业的爸爸，一个贫困的家庭，生活眼看着“乌云密布”，陷入绝境。可是，沙发底下的发现之旅却改变了这一切，那个老沙发下边竟然藏着那么多东西，有乐趣、有幸福、有希望……如果你有想象力的话，如果你对生活充满了希望的话，如果你乐观地看待困境的话，快乐会无处不在。正如爸爸说不能开车就打一辆出租车时，沙发底下飞出了一辆出租车，你乐观地看待生活，生活就会给你奇迹。

这个色彩丰富的故事，设置了精彩绝伦的悬念，它将吸引孩子们迫不及待地去了解那个神奇的老沙发下面，究竟还能找出什么好玩儿的东西。而对于成人来说，这个故事用天马行空的想象揭示了生活的真谛。爸爸说他懂得了生活是什么，他最终和焦虑一拍两散，你呢？

03 每个孩子都有追求梦想的权利

为什么选择这个故事

☆动物们都有自己的理想，鼠小弟也有，他们长大后都想做什么呢？一起来看看吧！

☆世界绘本经典中的经典“鼠小弟”系列之一。长大以后做什么？这是让每个孩子都满怀期待、驰骋想象的话题。

《鼠小弟，长大以后做什么？》

每个人小时候都有一个小小的理想，鼠小弟的理想是什么呢？

“嘿，鼠小弟，你长大后想要做什么呢？”鼠小妹问道。鼠小弟眯起眼睛，这个问题，他还真是没有想过呢。

鼠小妹问小鸭子："你呢？"

小鸭子憧憬地说："我属于鸟类，可是，从我出生到现在，还没有在天上飞过，所以，我长大后想当一名飞行员，驾着飞机飞翔在天上，一来实现了在天上飞的愿望，二来还会让那些会飞的鸟大吃一惊！小鸭子也可以飞得比你们高哦！"

鼠小妹赞叹："真了不起。"

鼠小妹又问小猪长大后想做什么。小猪想了想，有些不好意思，他一生最大的爱好就是吃，所以呢，开一家蛋糕店是不二之选啦，这样，每天都有美味的蛋糕可以吃！

"可是小猪，你也要节制哦，蛋糕都被你吃啦，怎么卖钱呢？不过，有这样一个理想也很了不起呢。"鼠小妹同样赞叹道。

让我们来看看小狗的理想吧，小狗最爱汪汪汪地唱歌了，所以呢，他长大后想当一名歌唱家，在舞台上放声歌唱，让大家能欣赏到美妙的音乐。

"嘿，小狗，你确定大家喜欢听你唱歌吗？不过，如果你的歌旋律再动听一点儿，肯定会有很多听众的，真棒！"鼠小妹赞叹道。

鼠小妹又问小狮子。

小狮子的愿望啊，是想像爸爸一样拥有帅气的鬃毛，当个酷酷的理发师，给人们理出漂亮的发型。嗯，这个理想也很棒哦！

接下来是大象了，大象擅长用鼻子喷水，所以他长大后想当一名消防员。大象一定是个出色的消防员，真是太棒了！

"大家都有这么棒的理想，鼠小弟你呢？"鼠小妹问道。

鼠小弟龇着牙，说："我浑身上下只有这牙最让我自豪了。"话刚说完，其他的动物就大笑起来："哈哈，鼠小弟，你这么小的个子，能做什么呢？"

这分明是在嘲笑鼠小弟啊，大家真不应该这么说。

鼠小弟有些尴尬地看着这些"大个子"。突然，他发现一个秘密！嘲笑他的动物们都有蛀牙！哈哈，鼠小弟单手叉腰，自豪地说："我长大后要当一名牙医，我可以给你们看牙哦！"动物们惊呆了，鼠小妹也惊呆了。想象一下，当动物的牙齿遭遇蛀虫的时候，拥有一口好牙的鼠小弟牙医，会为大家解除牙痛的烦恼哦，真不错！

鼠小妹高兴地说："如果你当牙医，我去给你当护士，做你的小助手吧。"

嗯，这真是一对黄金搭档呢！

怎样讲好这个故事

♡真了不起——向孩子传递一种鼓励的态度

这个故事中，小动物们都热烈地表达着自己长大后做什么，理由都很充分：小鸭子长大后想做飞行员，因为作为鸟类一族的他，从来没有在天空飞翔过；小猪想开一家蛋糕店，只是因为自己太爱吃了，乍一看，这个理由有点可笑，好吃似乎是不太光彩的一件事吧，可是如果因为自己好吃，将来以此为动力翻新蛋糕的花样和口味，给大家带来更好的味觉体验，也是一件了不起的事呢！

家长在讲这个故事的时候，应该向孩子传递出一种鼓励的态度，正如鼠小妹一样，总是在赞叹：“真了不起！”

这些小动物的心理同孩子的心理一样，他们的理想还不能称为真正的“理想”，那只是他们对生活的种种体验和感受，是他们所认识的世界在其内心的折射。但是，即使是这样，孩子也需要心理认同，才能有动力在日益了解世界的基础上，不断发现价值和选择价值。家长对孩子的理想负有引导的责任，而这个责任首先是要鼓励。小动物们的想法是和孩子的心理处于同一层面的，所以当家长在讲每一个动物的理想时，要表现出认可和鼓励的态度，如“有这样的想法真了不起”“太棒了”这样的语言会让孩子得到心理认同感。

♡和孩子做一次小小的亲子沟通

小动物们都表达了长大后的愿望，那么孩子的愿望是什么呢？借助故事的氛围，不妨请孩子畅所欲言，说说自己的理想。家长可以根据孩子说出的理想，多去问他一些“为什么”，这是最好的教育契机。

比如，孩子想要做一名老师，可以先问问他为什么要做老师，然后用浅显的道理告诉他从哪些方面努力，才能实现这样美好的理想。

好故事为什么好

长大以后做什么？这是让每个孩子都满怀期待、驰骋想象的话题。

超人？医生？售票员？孩子的想法可能会让你哈哈大笑。那些或平凡，或怪异，或让家长觉得不入流的各路“理想”，是孩子对这个世界的一种感受和体验。正如故事里的小猪一样，他喜欢吃，吃是他的最爱，所以，他长大后想要开一家蛋糕店。这也算“理想”吗？当然。所有可爱的想法都是值得鼓励的。

最忌讳的是，某些家长会用嘲笑的语气跟孩子说“就凭你那样……还……”“就知道吃，没出息……”等。这样打击孩子，等于剥夺了每个孩子追求梦想的权利，且不说梦想是不是符合现实，这样的态度，本身对孩子就是一种否定。家长要顺应孩子的身心特点，尊重孩子的想法，这样才会引领孩子更好地成长。

这个故事，除了引出孩子对“长大后做什么”的童趣十足的种种美好设想之外，鼠小妹的态度也给了各位粗放的家长一个提醒，对于孩子小小的梦想，我们要多多去鼓励。

04 没有努力，成功不会从天而降

为什么选择这个故事

☆莎娜想要演马戏，可是一切并非那么简单。她的马戏团之旅会是怎样的呢？一起去经历吧！

☆用莎娜难忘的经历让孩子明白：成功不会从天而降，唯有努力，才能实现梦想。

☆布拉迪斯国际插画双年展大奖；德国青少年文学奖推荐奖。

《莎娜想要演马戏》

小女孩莎娜最大的愿望就是去马戏团当一名演员，在她看来，驯狮子、空中飞人、飞刀表演都简单极了，她都会，最不济去扮小丑总可以吧。她天天在家门口等马戏团，等马戏团一出现就加入其中。

有一天，马戏团还真的来了，莎娜开始快速地整理她的行李。气球是一定要带的，肥皂泡泡瓶和妈妈用的小餐刀也都用得上。牙刷嘛，还是不要了，马戏高手是不刷牙的。呼啦圈也有用，可以让狮子钻。除了这些，莎娜还准备了两个苹果给自己吃。

准备好这些，莎娜就出发了，她没敢告诉爸爸妈妈，不过，她可以肯定的是，她将会为人们带来一场精彩的马戏演出！这样的想法让莎娜兴奋异常，她快步地跑起来，终于来到了马戏团大本营前。

工人们正在搭帐篷，抬着粗壮的柱子工作，莎娜来到他们面前，自我介绍说："嗨，我叫莎娜，我想加入你们演马戏！"

可是那些工人好心地劝她走远一点儿，怕柱子砸到她。他们把莎娜当成了观众，告诉她马戏表演下午五点才开始。

莎娜悻悻地转头去找驯兽师，驯兽师一定会一眼就认出她是个马戏高手。她抱着猫咪、拿着呼啦圈来到驯兽笼前，狮子老虎开始对着猫咪低吼起来，驯兽师也好心地提醒莎娜走远一点，今天的动物们看起来心情都不太好。莎娜举起呼啦圈，说："狮子可以钻我这个呼啦圈，老虎也可以！"驯兽师笑了："你那个小呼啦圈还是留给你的小猫吧！"狮子和老虎怒吼起来，张开了血盆大口，莎娜害怕得走开了。还是去找空中飞人吧！

空中飞人演员正在拉筋、踢腿锻炼，莎娜迫不及待地给他们翻了一个跟头，可是，却撞到了一个演员的腿上。空中飞人对她说："在秋千上做高空翻，才是真正地翻跟头，小姑娘，你还差得远呢。"

莎娜不服气地说："我知道，不过，我也想和你们一样在秋千上翻跟头。"

“好，那你先练十年再说吧，这个需要反复地练习。”空中飞人每说一个字，就高高地蹦起。莎娜都看呆了，她可蹦不了那么高，而且，十年也太长了吧？还是去找飞刀手吧。

莎娜很想给飞刀手表演一下，她把手里的小餐刀甩了出去，可是刀子还没碰到木板就落在地上，远不如飞刀手表演得精准，飞刀手每甩出一个刀，都准确地扎在目标位置。飞刀手自信地说：“小孩，你敢站在木板那儿吗？我可以把刀子投在你身边，绝对扎不到你。”

莎娜可不想冒这个险，万一刀子飞偏了呢，算了，还是去扮小丑吧。

小丑演员倒是没有拒绝她，而且还给她化了小丑装，要带她一起演出！他们约定好，莎娜要拉住气球的绳子，然后小丑用小提琴的琴弓把气球戳破。他们将会为观众带来一场精彩的表演，期待吧！

等前面的甩飞刀、驯狮子、空中飞人都表演完后，莎娜和小丑上场了！

舞台上灯光炫目，乐曲吵得震天响，莎娜有些不适应，她觉得自己什么都听不见了，眼睛也睁不开了，台上气味也很怪，动物的气味混合着汗味和灰尘味，一切都是突然而又陌生的。

她紧张地去抓小丑的手，可是没抓到。莎娜慌了，一松手，气球飞走了，飞到了屋顶，可是，小丑还等着把它戳破呢。观众大笑起来，小丑站在椅子上，俯身去拿地上的小提琴，可是一弯腰，裤子开线了，人们哄然大笑。当然，小丑是在做节目效果，可是莎娜该怎么办呢？她会晃脚趾头，可她穿着鞋子，谁能看到呢？

小丑攀上高高的梯子，想把气球拿下来，可是气球太高，小丑在梯子上晃来晃去，怎样都够不到。不过，他滑稽的表演把人们逗得哈哈大笑。

没有人注意到莎娜。

小丑在梯子上挥舞着红围巾，嘴里大叫："啊，美丽的肥皂泡，快到我这里来吧。"其实，他是在示意莎娜，可是莎娜完全傻了，一动也不动。直到小丑摔了下来，招呼莎娜，她才吹起泡泡来，不过，她吹的泡泡只有几个是大的，其他的都很小，很快就破了，而且，才一小会儿，瓶子就空了。

莎娜终于忍不住大哭起来。

她越哭，观众就越笑。他们都以为莎娜是故意的吧，天知道莎娜觉得失败极了，她只想马上离开。

小丑夹起她，告诉她快结束了，一边向后台走去，一边示意莎娜使劲儿蹬腿，这样，观众会被逗笑。莎娜只好一边流泪，一边使劲蹬腿。节目演完了。

莎娜哭得很伤心，节目演砸了，不是吗？气球怎么那么容易就飞了，肥皂泡那么容易就被吹完了，而且，在演员拼命哭的时候，下面的人为什么笑得那么开心……

小丑安慰莎娜："没关系，气球飞了是运气不太好，不过，小丑就是逗人开心的呀，台上的演员越倒霉，下面的观众才会越开心，这是小丑的职责呀。"

太晚了，妈妈要做晚饭了，莎娜要把小餐刀送回去，她要回家了。小丑提出来送这个可爱的小姑娘回家。莎娜有些不甘心地问："小丑，我最后的蹬腿表演还是不错的吧？"

"当然，你就是蹬腿高手啊，总有一天，你会成为一名马戏高手！"小丑鼓励道。

莎娜终于明白了，那需要练习，反复地练习。每一名马戏高手都是练出来的。就说小丑吧，走钢丝或在梯子上摇晃而摔不下来，可不是一朝一夕就能够做到的啊。

把莎娜送到家后，他们挥手告别，这次的经历让莎娜毕生难忘。

怎样讲好这个故事

♡适合讲给大一点儿的孩子

这个故事比较长，原绘本故事文字更长，故事本身寓意深刻。因此，不推荐讲给太小的孩子。

♡有些事看起来简单，做起来却不容易

莎娜想去演马戏，在她看来，那一切都太简单了，驯兽只需带一个呼啦圈就好；空中表演的话，会翻跟头就行；扮小丑更容易了——这都是莎娜对于马戏团的认识。不光是孩子，就是成人，也通常在没有尝试的时候，都以为那不过是简单的事。可事实是什么呢?

凶猛的动物可不是那么好驯服的，空中表演更是需要勇气和不断地、反复地练习，飞刀表演更是如此，熟才能生巧。至于小丑，也不是那么容易就能当好的，你要会走钢丝，会站在梯子上摇晃不让自己摔下来，更重要的是，你要不断地“出丑、倒霉”，这样，你才会让观众发笑，以完成一个小丑的职责。要引导孩子，让孩子明白没有无缘无故的成功，什么都

是需要练习的，任何一门技能，都需要扎实的基础。正所谓“台上一分钟，台下十年功”，有些事看起来简单，做起来却不容易。

这里面涉及梦想、坚持、勇气、努力等概念。通过莎娜的经历，给孩子传递敢想敢做的勇气，告诉孩子，追梦的路上离不开坚持不懈的努力。

好故事为什么好

每个人都有梦想。

莎娜的梦想是演马戏，她用一个孩童稚气十足、敢想敢做的热情去追逐这个梦想。可是，马戏团里所有的人都在劝她走开，只有小丑愿意带她一起演出。可是，这么宝贵的演出还是演砸了，莎娜哭了，手脚、道具都不听使唤。亲爱的孩子，也许，你会因此明白，那些看上去简单的事情，远远不是那么简单。正如那句朴素的歌词所言：没有人能随随便便成功。

可是，莎娜仍然是一个很棒的孩子，敢于冒险，并懂得自我保护，在表演的结尾尽量让自己做得好一点儿，还很体谅父母的担心。莎娜已经做得很好了，每个人都需要去经历。莎娜通过这样一次经历，懂得如何才能让自己做得更好，更能接近梦想。

同样地，这次宝贵的经历也会让莎娜的同龄人看到，敢于梦想的同时，我们还需要更多的勇气和努力，去撑起梦想的翅膀，那样才能飞到更广阔的天地去。

05 让孩子更有勇气

为什么选择这个故事

☆豆太5岁了，从不敢在夜里踏出房门一步。可是半夜里，爷爷生病了，需要请医生。豆太神勇地冲了出去！奔跑吧，孩子，爱会给你更多的能量！

☆引导孩子体会爱、学会爱，让孩子更有勇气。

☆关于亲情的最佳绘本；日本儿童文学经典杰作，销量突破120万册；日本学校图书馆协会好绘本奖。

《魔奇魔奇树》

豆太今年5岁啦，可是到了晚上，他依然不敢自己去茅房尿尿。他害怕门口那棵魔奇魔奇树。

那是一棵巨大的树，枝杈伸展着。到了晚上，魔奇魔奇树会把天空遮住，于是，整个院子都黑乎乎的。起风的时候，树会沙沙地响，来回摇摆。豆太觉得，魔奇魔奇树伸出了两只大黑手，仿佛要把他抓住！一想到这里，他就会赶紧钻到爷爷的怀里。

所以呀，晚上豆太要上茅房的时候，一定会拉上爷爷一起去。而爷爷不管睡得多香，只要听见豆太的声音，就会立刻醒来，陪他去茅房。不然，豆太尿了被子，就没得盖了。

当然，不是说因为没被子可盖，爷爷才对豆太有求必应的，他实在是太心疼豆太了。豆太的父母都不在了，爷爷现在是他唯一的亲人，祖孙俩住在山上的一间小屋里。爷爷是个猎人，爸爸也是，他们都很勇敢。不过，当年爸爸在和熊搏斗的时候，被熊一掌拍中了头，就再也没有醒来。爷爷今年都六十多岁了，依然身手敏捷。可是孙子豆太真是太文静、太胆小了，像个小女孩，一点儿都不像猎人的后代。

那棵大树的名字是豆太取的。一到秋天，魔奇魔奇树就会结很多果实，爷爷会把这些果实研磨成粉，做成蒸糕，豆太可爱吃了。

白天，豆太还敢站在魔奇魔奇树下，理直气壮地说："快掉下点儿果实来。"可到了晚上，豆太就不敢出门了。每次爷爷陪他去茅房，只要看到魔奇魔奇树，豆太就吓得尿不出来了。

爷爷只好把他抱起来把尿，一边把一边说："看夜晚的星空多美啊，后山里的那些动物都睡着了吧，我们的豆太要尿尿了，嘘——"如果爷爷不说"嘘"，豆太就尿不出来。可是豆太都5岁了呀，这要是传出去得多害羞啊。

今天是11月20日，爷爷告诉豆太，今天呀，魔奇魔奇树会亮起来，因为山神要办庆典了。不过，不是所有的人都可以看到亮亮的魔奇魔奇树呢，只有勇敢的孩子才能看到，爷爷和爸爸小时候都看到过呢。

豆太听着，有一点儿神往，他好想看一看发光的魔奇魔奇树呀，但是，晚上又黑又冷，一个人出去……不可能！换成白天还可以，晚上光是看一眼魔奇魔奇树，就已经吓得又哆嗦又尿不出来了，哪里可能自己出去？肯定不行。所以，发光的魔奇魔奇树肯定是看不到了，一到晚上，豆太就钻进被子里睡觉了。

半夜里，豆太突然被“熊”的呻吟声惊醒，他害怕得大叫“爷爷”，本能地去搂身边的爷爷，但是却搂了个空。这时候，爷爷的声音传来：“豆太，别害怕啊，爷爷在这儿，爷爷只是身体有点儿不舒服，肚子痛……”豆太爬起来，看见爷爷像熊一样弓着身子，蜷缩在一旁。豆太害怕极了，爷爷怎么了？他扑过去，爷爷却支撑不住，一下子倒在席子上，发出更痛苦的呻吟声。

怎么办？得赶紧去叫医生！豆太来不及多想，鞋子都没穿，撒腿就跑了出去。

寒冷的冬天，豆太只穿了一件睡衣，光脚踩在地上，地上有一层霜，刺得脚丫很痛，都流血了！豆太没命地跑着，一边跑一边哭，他又怕、又冷、又痛，可是，这些都比不上爷爷的命重要，他不能再失去爷爷了。豆太哭着，坚持着，向医生家跑去。

终于到了医生家，豆太焦急地向医生描述爷爷的状况，医生也是一位爷爷，他听了豆太的话后，用棉袄裹起药箱和小豆太，背在背上，朝豆太家走去。

走到半路，天空飘起了雪，这可是冬天的第一场雪，不过，豆太一点儿也不关心这个，他只想着赶快救爷爷。终于到家了，豆太被眼前的场景惊呆了，门前的魔奇魔奇树居然亮了！

医生爷爷说，月亮正好在魔奇魔奇树的背后，加上树枝中间的星星和刚下的雪，所以看上去像点了灯一样很亮。医生爷爷说完这些就去屋里了，豆太也忙活起来，添柴、烧水，帮助医生照顾爷爷。

第二天早上的时候，爷爷肚子不痛了，豆太才长舒了一口气，医生爷爷也回自己家了。

爷爷对豆太说："孩子，你昨晚看到山神的庆典了吧？你一个人走夜路去帮爷爷叫医生，已经很勇敢了，以后再也不要认为自己是胆小鬼了。人啊，只要心地善良，就没什么好怕的，就没有什么做不了的事。"

虽然，豆太也认为爷爷说的话很有道理，可是，那天晚上，豆太想去尿尿的时候，还是叫醒了爷爷。哈哈，豆太还是愿意爷爷陪着去呢！

怎样讲好这个故事

♡了解剪纸工艺

原绘本故事里的图画，是用剪纸的手法刻画出来的。如果家长手里有原绘本，那么不妨与孩子共同了解一下剪纸这门工艺，这个绘本虽然是日本的绘本，但是剪纸工艺却是相通的。这个故事的作者泷平二郎是日本剪纸艺术创始人之一，家长可视孩子对于"剪纸"的兴趣，与孩子共同了解一下这门古老的技艺。

很多家长觉得这个绘本故事的画风偏暗，看起来有些吓人，唯恐孩子抗拒。其实，如果多了解一下剪纸工艺，多了解一下这个故事的内容，就会发现这是一个感人至深的亲情故事，家长大可打消自己的顾虑。

♡引导孩子体会感人至深的亲情

应该说，豆太一出场就令人心生怜悯，才5岁的孩子，就失去了父母，和年迈的爷爷相依为命，并且过着“尿湿了被子就无被可盖”的贫困生活。可是，残酷的生活之外，却是爷爷对豆太满满的、浓浓的爱：爷爷从不嘲笑豆太，并且有求必应，哪怕是熟睡的深夜里，只要听见豆太的呼唤，就会起身陪他。

通读故事后，请孩子说一说，爷爷都是怎样疼爱豆太的，引导孩子体会爷爷对小豆太的爱。

而豆太呢，从来不敢一个人夜里出门，但是为了给爷爷请医生，豆太的勇气由爱而激发，深夜跑出家门，甚至都来不及穿上鞋子。踩在冰霜上，豆太又冷又怕，脚又痛，一边跑一边哭……这样的场景令人感动。很多孩子会就此以为豆太勇敢了，没错，那一刻的豆太，确实勇敢了很多，但是这份勇气的背后，更多的是他对爷爷天然的依恋和爱。引导孩子体会那份因爱激发的勇气。

故事的结局是爷爷没事了，相信小读者们也会长舒一口气，相依为命的爷爷不会离开豆太了，豆太真幸福。

引导孩子体会爱，孩子将获得更多的心灵滋养。以爱育爱，让孩子感受爱、学会爱。

♡迁移情感经验，请孩子讲一讲自己与长辈之间的爱

讲完这个故事，不妨请孩子结合自己的生活经验，说一说爷爷奶奶，或者姥爷姥姥对自己的疼爱，引导孩子学会尊重与爱戴老人。

好故事为什么好

这个在日本流传了很多年的亲情故事，相信会感动很多的父母，令他们想起岁月里那个慈祥的老人。每个长大后的孩子，总是会对儿时隔代长辈的疼爱念念不忘。那样的爱，更天然原始、更无私朴实。记忆深处他们笑起来满脸的皱纹，伸出来的粗糙的大手，每每想起，令人动容。

这个故事里的爷爷，就是这样一个慈祥善良的老人，他疼爱5岁的豆太，怜悯他小小年纪就失去了父母，他疼爱孙子，无论多么累，夜里睡得多么好，只要听见豆太叫一声“爷爷”，就会立刻醒来。他陪伴着豆太，鼓励着豆太。而小小的豆太，为了救爷爷，胆小的他哭着在夜色里奔跑，去请求医生的援助。这一对沧桑的爷爷与稚气的孙子组合，用自己朴素无私的行为，谱写了一曲荡气回肠的爱之赞歌。

爱，让孩子更有勇气！爱，让这个世界更美好！

只是，豆太从此以后就坚强勇敢，什么都不怕了吗？当然不会，成长不是一蹴而就的事，所以，这也提醒着家长们，你还要耐心地等待孩子成长哦！

另外，你知道“魔奇”是什么意思吗？它是日文“MOCHI”的音译，是“年糕”的意思！不过，与“年糕年糕树”比起来，孩子们会更爱“魔奇魔奇树”吧。

06 有梦想，就去行动吧

为什么选择这个故事

☆在400米的高空上表演“空中走索”，让街头艺术家告诉你什么是梦想、勇气、自由！

☆给孩子一个梦想的榜样，让孩子明白梦想属于有准备并且全力以赴的人。

☆凯迪克金奖作品，同题材纪录片《偷天钢索人》荣获奥斯卡最佳纪录长片奖。

《高空走索人》

曾经，纽约有两座高达400米的大楼，叫双子星大楼，它们一南一北矗立着，离得很近。有一位年轻的街头艺术家菲利普盯着这两座大楼出神，想象着在楼之间拉一根绳索，表演高空走索怎么样呢？

这位艺术家，会骑着独轮车玩抛球、火把，也喜欢在两棵树之间牵一条绳子，在绳索上做各种表演。不过，在400米的高空表演，还真没试过。他盯着高楼看的时候，就是在想这件事情。如果能在两个楼的楼顶间拉一条钢索，走上一回，那该是多么过瘾啊。菲利普是个想做什么就必须去做的人，他决定了，他必须要架起钢索走一遭。

他曾在自己的家乡巴黎的两座高塔间架起钢索，为人们表演高空走索，但是在纽约，这一定是被禁止的，警察和这两座大楼的业主会认为他是个“疯子”，“这样做会掉下去，摔得粉碎”……怎么办呢？只好偷偷实行这个计划喽。当时，大楼还没有完工，所以，乔装成建筑工人混进去应该很容易，好，就这么办吧。

8月的一个傍晚，菲利普和一个朋友乔装成建筑工，溜进了南楼，同时进楼的还有200公斤的钢索和其他设备。等到夜晚来临，楼里的人都走光之后，他和朋友拖着设备，来到了楼顶。

同时，菲利普的另外两个朋友也到达了对面北楼的楼顶，他们把一根结实的细绳绑在弓箭上，射向南楼。但是，射击出现偏差，箭落在距南楼楼顶5米处的框架上。菲利普只好顺着框架向下爬，拿到了那支箭，然后他又爬回楼顶，在细绳上接了一根粗绳索，又让北楼的朋友往回拉绳索。菲利普在粗绳索的末端绑上他要表演用的钢索，然后等待着朋友一点儿一点儿往北楼拉。

可是这个钢索太重了，菲利普这头一个没拿准，钢索就直直地向地面坠落，巨大的拉力差点把北楼的朋友拽出楼外，幸亏他们用脚抵住了楼顶的围杆，真险啊！

他们整整用了3个小时，才把钢索架了起来，一切准备就绪，等黎明到来的时候，菲利普就会走向钢索，表演高空走索。

菲利普穿着紧身衣，手拿9米长的平衡杆，在第一缕阳光照射到大楼的时候，毅然地走上了钢索。

他一步一步地走着，不一会儿就到了钢索的中间，要是普通人，早就害怕极了，脚下的楼都变得像蚂蚁一样小，海鸥在高空飞过，菲利普悬在空中，随着阵风轻轻摇动。他一点儿也不觉得害怕，反而很兴奋，他感觉到的是宁静、快乐以及自由。

这时候，一位走出地铁的女士第一个发现了菲利普，她立刻尖叫起来，越来越多的人朝着她指的方向看去。哇，在那么高的地方走索，真是令人震撼啊！人们都发出不可思议的惊叹声。

不过，警察也很快发现了菲利普，他们冲到楼顶，拿着扩音器朝他大喊："嘿，快下来，你被捕了！"

菲利普转过身，背对着警察，朝另一个方向走去。警察们真是一点儿办法都没有，谁敢走上钢索去抓他呢？

于是，在接下来一个小时里，菲利普痛快地在钢索上来回行走、跳跃，甚至奔跑，还半跪在绳索上，向人们致意。最后，他干脆躺在绳索上休息。天在上，地在下，海鸥围着他鸣叫，菲利普觉得自己从来没有这样自由过。

一番尽兴之后，菲利普才走下钢索，任凭警察处置。

最后，法官判菲利普去公园里为孩子们表演，不得不说，这真是一个好主意。每次表演，绳索下的孩子们都很兴奋，有调皮的孩子甚至抓着绳索荡来荡去，害得菲利普差点跌下来，不过，咱们的高空飞人可不是那么容易掉下来的哦。

现在，纽约的双子座大楼已经消失了，可是在人们的记忆里，那两座大楼依然耸立着，人们永远记得那个美好的早晨，那个让他们永生难忘的高空走索场面。

怎样讲好这个故事

♡梦想属于有准备的人

这个故事改编自一个发生在美国20世纪70年代的真实故事：历史上最伟大的高空杂技演员菲利普于1974年登上美国世贸大厦的双子星大楼。

很多家长讲这个故事的时候，总是希望向孩子传达出梦想、勇气、自信这些富于激励的品质和精神：看，菲利普敢于在400米的高空走索，这是多么勇敢；他的梦想是多么惊人……当然，通过这个激情澎湃的故事让孩子了解梦想与勇气，无可厚非。但是，梦想的实现，除了富有勇气，还要有扎实的基础与万全的准备。在讲这个故事的过程中，建议家长提醒孩子注意一下，在高空走索之前，菲利普都做了哪些准备？

从某个角度来说，这是一场冒险。换句话说，这是一场有胜算的冒险。菲利普是一个街头艺术家，他擅长骑着独轮车耍玩，擅长在绳索上做各种表演，这说明，他有足够的平衡基础和走索经验，更值得一提的是，他曾在家乡巴黎做过高空表演，这样的经验让他对再次“高空走索”抱有胜算。除此之外，他还找了朋友，勘察地形，突破许多艰难挑战，骗过警卫，将缆线及器材搬上顶楼，共同在两座大楼之间架起了钢索，这些有形和无形的准备，为他实现梦想提供了最为可靠的后盾。

要让孩子明白，梦想不是一蹴而就的，梦想是属于有准备的人。唯有准备好，当机会来临之时，才能像菲利普一样，享受实现梦想的自由和喜悦。

最后，不妨请孩子说一说自己的梦想，说一说如果想实现这个梦想，需要做些什么。

♡在孩子的心中种下和平的种子

故事的最后，双子座大楼消失了，发生了什么事呢？

1974年，纽约世贸中心双子星大楼即将竣工之际，法国杂技艺术家菲利普·帕特在两座楼之间拉起了一条钢索，表演高空走索。2001年，震惊全球的“9·11”事件爆发，双子星大楼因遭受恐怖袭击而倒塌，很多人罹难，整个美国为之震惊、愤怒，双子星大楼消失，高空走索的壮举从此成为历史的绝唱，但它已和大楼一起永远融入了纽约的城市记忆。

不妨从网上查找“9·11”事件的视频请孩子观看，让孩子了解那一段历史。那场恐怖袭击造成数千人丧生，很多家庭面临丧亲之痛。据有关资料报道，大约有42.2万纽约人在恐怖袭击后出现了不同程度的心理障碍，恐怖事件对儿童也带来了严重的心理创伤。“9·11”事件之后大约有1/4居住在曼哈顿地区的儿童进行了心理咨询。其中，父母或亲属朋友在“9·11”事件中遇难或目睹了父母被恐怖事件袭击而无助哭泣的儿童占了大多数。了解“9·11”事件，在孩子心中种下和平的种子，了解和平对生活的宝贵意义。

好故事为什么好

在曾经的双子座大楼之间，艺术家菲利普完成了“高空走索”的壮举，1974年的标签“梦想”与2001年的标签“罹难”化为一体，变成了纽约城永恒的历史和记忆。

本故事重现了40年前那激动人心又紧张万分的一幕，也让人们再次体会那满怀豪情、为梦想不懈努力的精神。一个勇于追求自由与梦想的人，在400米的高空钢索上来回走动、跳跃，甚至向观众致意、躺下休息。这样的“壮举”恐怕让很多人羡慕又却步。在400米的高空，风呼呼地吹过，警察高喊着“你被捕了”，人群里发出各种赞叹和不可思议的声音，可是这一切，对于一个完成梦想的人来说都是身外之事，此刻的他只属于自己，他触摸到了无法言说的自由、宁静。那是一份怎样的感觉呢?

400米，那样的高度，那样的勇气，那样的梦想，那样的行动，会让孩子们记忆深刻。梦想，只属于为它准备周全并全力以赴的人。

而同时，这个故事又带着孩子们了解了一段不一样的历史，这样的历史，会让孩子们记住双子座大楼的同时，感悟出和平对于人们的美好意义。

07 让孩子看到勇气和希望

为什么选择这个故事

☆战争摧毁了城市，让人们陷入物资缺乏、通信中断的困境，可是有欧先生的大提琴和口琴陪伴，我们就能燃起希望，不再害怕！

☆一个发生在战火中以音乐抚慰人心的故事，为孩子们呈现废墟里的音乐会，让孩子们看到勇气和希望。

《欧先生的大提琴》

我们这个城市被包围了，每天都会有战火燃起，战争摧毁了我们正常的生活。

城里的所有小朋友的爸爸，甚至爷爷都去打仗了。我的爸爸也去了，整个城市只留下老人、儿童、妇女和病人。夜里我们睡觉的时候，照明弹会闪亮夜空，接下来枪炮声此起彼伏。我睡不着觉，害怕极了，只能假装自己看到的是烟花。

很多商店、汽车、楼房都被炸毁了，街道上堆满了砖块和碎玻璃。如何生活下去，是摆在我们面前的难题，取暖用的燃油没了，木柴也烧完了。冬天到来的时候，如果战争还不停止，我们就只能靠烧旧家具和旧书来取暖了。另外，食物和水也极度缺乏，除了去物资救助中心取水之外，我们只好接些雨水充数。每个星期三的下午四点，是发救济物的时间，救济物有面粉、食用油、罐头等。现在，整个城市断水断电，通信中断，很多人都被迫搬走了。但是，妈妈跟我说，我们不会搬走，我们要等爸爸回来。很难想象，如果有一天爸爸回来，看到空荡荡的家，他将会多么难过。战争，可恶的战争！

我们不敢在街上玩儿，只能在楼梯底下聚在一起打牌、读书、聊天，以打发时间。不过，有时候，我们也坐不住，在走廊里追逐打闹，这时候，欧先生就会打开房门，大声呵斥我们，希望我们能保持安静。他可真是一个怪老头，他几乎不和任何人聊天，每次发救济物的时候，他都会安静地待在队伍里，一言不发。妈妈有一次对着他的背影赞叹道：“真是一个思想家。”不过，妈妈的朋友玛利亚阿姨可不这么认为，我也不这么认为，他哪里是一个思想家，不友善才是真的吧。

所有的小孩都不喜欢欧先生，但凡有纸袋子的时候，我们都会吹得鼓鼓的，然后在欧先生门前踩爆，哈哈，他一定会被这个声音吓一跳。欧先生平时除了领物资出门外，其余时间都在拉大提琴。

爸爸曾经告诉我说，那是一把名贵的大提琴，可以说是世界上最好的一把大提琴了，琴身、琴背、琴颈以及大提琴的弓，都是用名贵材料制作而成的。爸爸还告诉我，欧先生年轻的时候，曾去世界各地演出，获得了无数的荣誉和掌声。当然，我没有把纸袋子的事告诉爸爸，因为爸爸现在在哪儿我都不知道，我更不知道他什么时候才能回家。

这天又是星期三，我们听见救济车轰隆隆地开过来，我和小伙伴们已经懒得出去了，正在楼道里打闹的时候，听见外面响起了爆炸声。很多人被炸成重伤，救济车也被炸毁，从此，我们只能去好几公里以外领东西。

隔了一周，又到星期三下午四点的时候，欧先生出现在广场中央，他坐在自备的折叠椅上，开始拉大提琴。悠扬的大提琴音乐响起，那些乐符好像具有魔力一样，让人不再烦躁，让人镇定，让人心安。

每天的下午四点，欧先生都会准时出现在广场上，他的琴音就像救济车给我们的物资一样，赐予我们力量，支撑着我们努力活下去。

有一天，欧先生演奏的间隙，突然发觉脚有些不舒服，于是，他走到墙边，靠着墙晃腿休息，突然，爆炸声再次响起，烟雾弥散了整个广场。万幸的是，欧先生没事，可是，他的大提琴被炸得粉碎。失去了大提琴，我们要怎样继续生活下去呢？

第二天，我找到一个纸袋和一盒蜡笔头，在纸袋上画了欧先生拉大提琴的图像，悄悄地从欧先生的门缝下塞了进去，以表达我的敬意。

隔天下午四点的时候，谁也没想到，欧先生再次来到广场中央，然后，从他的外衣口袋里拿出了一把口琴！从此，每天都有一个小时，我们能听到优美的口琴声。这口琴声让我们感到快乐，那个吹琴的人，也让我们获得了希望和勇气。尊敬的欧先生，我们一定会等到和平到来的那一天，你说呢？

怎样讲好这个故事

♡战争题材，适合理解力稍强、年龄大一点儿的孩子

这是一个关于战争的故事，虽然作者刻意地淡化了故事的背景，但细心的读者可能会联想起1992年发生在波黑的一场炮击事件，那次事件造成很多平民罹难。大提琴家梅洛斯维奇在萨拉热窝街头，进行了为期二十多天的大提琴演奏。这个故事就是取材于这个伟大的艺术家的真实经历。

在和平年代出生的孩子，对战争是毫无概念的，对战争中人们内心的恐惧和挣扎，更是无从理解。所以，这个故事不适合太小的孩子，且不适合孩子单独阅读。原绘本故事的文字比较多，4岁以上孩子与家长的亲子共读是比较好的阅读方式。

♡根据孩子的意愿和接纳力，讨论战争、希望、和平这些概念

城里的男人都去参战了，只剩下老幼病弱，在被包围的城里艰难生存，缺水断电，物资供应贫乏。可是很快，这唯一的救命通道也遭遇重创，要怎样活下去呢？

欧先生和他的大提琴出现了！

音乐让人们的心灵在战火中获得了暂时的宁静，而那个勇于在广场上

演奏的人也让人们获得了活下去的勇气和希望。

孩子会理解战争的残酷吗？孩子能理解战争带给人们的心灵创伤吗？孩子能理解在战争的背景下音乐迸发出的力量吗？或许有些困难，但是没关系，不必强求孩子去理解。家长可根据孩子的意愿和接纳力，与孩子讨论战争以及战争中的希望、和平这些概念，引导孩子理解欧先生通过其独特的方式传达的精神，使孩子感受到音乐的魅力，学会用勇气和力量战胜困难。

好故事为什么好

这是一个读起来打动人心的故事。战争年代，人们面临着食物短缺与内心煎熬的双重折磨，在救济车被炸，生活雪上加霜的情况下，人们更加迷茫与痛苦。而就在这时，被孩子们恶作剧捉弄的“孤僻、不友善”的大提琴家欧先生挺身而出，用他的音乐将希望与勇气传递出去，可钦可佩！

一个几乎从不与别人交往的老人，在随时被炮火袭击的暴露的城市广场中央，每天雷打不动地为人们演奏。战争是残酷的，然而，这样一个“精神领袖”会给战火中的人们带去无比珍贵的勇气和希望。

这样一个故事，相信每一个读到它的人都会被感染，和平是多么宝贵！在和平的环境下，我们可以不用为食物发愁，可以陪同孩子一起，选择快乐地度过每一天的时光。

珍惜当下的生活，尊重生命、维护和平，愿我们的地球宁静、和谐，愿温暖的阳光能照耀到每一个角落，愿每一个孩子都不再遭受战争的困扰，能够自由、快乐地长大。

08 人生不是只有“输赢”二字

为什么选择这个故事

☆一个天真孩子的“疑问”串联：妈妈，我一定要赢吗？只有这样地球才会转吗……别以爱的名义伤害孩子，孩子的成长比成功更重要！

☆如果我们给孩子的教育是人生只有“输赢”，一定要比别人强的话，那么如果有一天，孩子输了，你能想象后果是多么严重吗？

☆全美年度十大畅销童书；《纽约时报》畅销书；美国《儿童》杂志年度最佳童书。

《一定要比赛吗》

在这个世界上，是不是所有的人都在比赛呢？

这场比赛包括了爸爸妈妈、爷爷奶奶、叔叔阿姨，所有的小朋友，甚至婴儿车里的婴儿……人们都在争先恐后地跑着，这场比赛是什么时候开始的呢，是谁喊的“预备——跑”呢？

我叫汤姆，此时，我正在公园的长椅上和妈妈休息。妈妈手里拿着“能量饮料”，我手里拿着“精力豆”，我每天都要练习拉手风琴，准备参加全国手风琴大赛。

我真的搞不懂，是不是每个小孩从出生那一刻起就开始各种比赛了呢？所有的小婴儿都被爸爸妈妈设计好了未来，要么学习举重、要么拉小提琴、要么当博士……那么，刚出生的我是不是要踢踢脚、伸伸胳膊先热热身？然后呢，我需要每天都练习吗？我有专属的训练计划吗？我有专属的教练吗？还有，我的跑道在哪儿？

天气不好的时候，比如下雪或者刮龙卷风的时候，我也要练习跑步吗？一定要和小伙伴比赛看谁跑得快吗？一定要和姐姐比谁长得高吗？如果这是一场接力赛，爸爸是不是也要参与，所有的爸爸都参与进来吗？

比赛到底是绕圈跑还是要跨栏，是我骑马还是马骑我？

大家为了得第一名，互不相让，你推我挤，再加上比赛不公平的话，我要怎么做才能赢？

有赢的，一定就有输的吧？我能自己决定是输还是赢吗？谁能告诉我为什么一定要参加比赛，一定要拿到奖杯？我们只有这样做，地球才会转动吗？

如果我在迷宫里走错了路，是要回过头去纠正轨道还是继续在里面打转？我可以学到什么？这是一场短跑还是长跑？如果一直这么跑下去，人们又互不相让，最后，我们会不会都累倒在地?

妈妈，你觉得呢?

是呀，如果可以不用跑那么快，可以停下来看一看风景，也是很好的。

做任何事，尽全力要比跑赢别人更重要。

在跑的过程中，用是否帮助过别人来判断自己的输赢，更为聪明。

所以，我也可以快乐地拉手风琴，为小伙伴伴唱，将得到的硬币捐献给公园，让公园变得更干净、更美丽。如果我们可以互相帮助，相亲相爱，这个世界才会丰富多彩。

怎样讲好这个故事

♡结合原绘本讲故事

这个故事没什么复杂的情节，基本上是一个天真的孩子对于父母的各种“疑问”串联，所以比较适合结合图片进行亲子阅读，建议家长找来原绘本。画面很夸张，但细节处比较有趣，刚出生的婴儿就已背负了各种“使命”，躺在婴儿车里，与代表“理想”的各种道具“亲密接触”。该绘本刻画了典型的不输在起跑线上的“家长思维”，而各种奖项也妙趣横生，最后的环衬上，画着世界儿童录，是很多孩子的名字与理想，其中一个很搞笑，理想竟然是“职业罪犯”。这些细节，都可以和孩子去发现、感受其中的乐趣。

♡人生不是只有“输赢”，最重要的是快乐、分享、互助……

称自己是一位普通父亲的微博达人王人平先生曾说：“是什么让我们的孩子如此脆弱？因为我们给孩子的教育是人生只有‘输赢’，一定要比别人强。孩子感受到的爱都是有条件的，时刻生活在被爱遗弃的恐惧中，渐渐失去了存在感、安全感和价值感，只能用成绩、用出人头地来证明自己是值得父母爱的。当有一天证明不了时，就容易走向极端：毁人或自毁。”

王人平先生说这话的背景是一个初一的女孩以为自己考试没考好而跳楼，其实她考的是年级第五名！

做家长的是不是应该反思一下呢？我们教给孩子的，都是什么呢？我们的家庭教育到底是贫乏的、盲目的，还是科学的、健康的呢？

希望家长通过这个故事，可以让自己以及孩子树立这样一种观念：学习不是为了去争抢“第一”，而是懂得知识以后，让自己的视野更宽阔，通过思考去解决生活中的问题。无论是学习还是生活，各种比赛的输赢并不重要，重要的是你是否开心、是否尽了全力，这才是关键的。而且，乐于助人、乐于分享，才会让生活更快乐。

好故事为什么好

对于一个缺乏丰富情节的故事，讲起来似乎有一种“鸡肋”的感觉，却又格外发人深省。一个孩子天真地发问：我为什么要比赛？我为什么要长得比姐姐高？比赛公平吗？我要怎么做才能赢？是不是只有这样地球才会转……对于抱有“不能让孩子输在起跑线上”这种顽固思想的家长来说，这个故事真是一个莫大的讽刺，在孩子还是婴儿的时候，家长就开始为其规划人生，好笑吗？所有的婴儿都煞有其事地为“理想”而战，家长和孩子都在没命地奔跑，亲爱的家长，你真的爱你的孩子吗？有没有想过，你给孩子报各种兴趣班时所附加的期望，已经让孩子不堪重负？美其名曰为了孩子，实际是以爱的名义折磨孩子，扼杀孩子的天性。

最近，不断有孩子不堪压力，结束生命的悲剧上演，引入这样一个故事，希望能给所有急功近利的家长一些提醒：如果你的家庭教育里只有“输赢”二字，那么，再冠以“爱”的名义，你给孩子的未必是一条光明的路。

09 勇敢地面对缺憾与失去

为什么选择这个故事

☆一个失去了爸爸的孩子的成长故事，伤感又不失希望。爸爸的绿围巾，化成了一股能量，为成长注入勇气。孩子，加油！

☆震撼心灵的美好故事，当生活出现缺憾时，我们仍然要勇敢前行。

《爸爸的围巾》

妈妈把爸爸的一条绿围巾给我戴上，真暖和呀！妈妈帮我戴好后，看了又看，一直说“真好看”。

星期一上学的时候，我高兴地戴上了这条围巾，感觉浑身充满了力量，我大声跟妈妈道别：“我走啦！”

走在路上，我突然发现前面有一条大黑狗，怎么办？我吓得贴着墙，一动都不敢动，大黑狗贴着我跑开后，我才松了一口气。由于紧张，我发觉自己一直紧紧地握着爸爸的围巾。

星期二在操场上照例和同学们玩捉迷藏的时候，我跑得特别快，平时，我总是因为跑得慢被抓住，但是今天可不一样，我戴着那条围巾呢。老师都惊讶了，夸我今天精神不错。

星期三那天，我的小伙伴小美羡慕地对我说：“你的围巾真漂亮呀。”我美滋滋地告诉小美，其实我戴的是爸爸的围巾。那一整天，我心里都美得很。

星期四那天，良治来到我面前，大声冲我叫：“喂！”他这是在向我示威吗？要是平时，我会躲开他，可是今天，我打算让他知道，我不是软弱可欺的，我握着戴在脖子上的围巾，以同样大的一声“喂”回应他。他很吃惊，不敢相信的样子。怎么样，知道我也是很厉害的吧。良治不服气，又朝我迈近一步，大喊一声“喂”。我同样上前一步，更大声地向他喊了一声“喂”。

这样对峙了一小会儿后，我和良治都被彼此奇怪的表情逗笑了，竟然热络地玩了起来，这可是上了小学后我们第一次玩儿呢，好开心！

星期五那天，我把图书《植物图鉴》落在公园的长椅上了，直到晚上才想起来。我戴上爸爸的围巾，一个人去公园取书。明亮的月光下，我看到有两只小猫正在看那本图画书，一只大猫在后面“站岗”掩护，不是猫爸爸就是猫妈妈吧。嘘，让它们安心看吧，我悄悄地后退，返回了家中，祈祷着：月亮啊，请你再亮一些吧，这样小猫们就能看得更清楚了。

星期六休息的时候，妈妈却发烧了，于是，我自告奋勇地担当了去超市购物的“重任”。收银台的阿姨夸我了不起，都能自己买东西了。那当然，我又不是幼儿园的小孩了，我都上一年级了啊，还这样被夸真是不好意思。我拎着一大袋子东西回到家的时候，妈妈很高兴，高兴地笑啊，然后妈妈又哭了。哎，妈妈可真夸张，这样子让我多难为情啊！不就是单独去超市嘛，要知道我现在是一个小男子汉了呢。

好在第二天，妈妈就好了。于是，我也就放心地和小伙伴们出去玩儿啦。路上，有个邮递员叔叔掉了信，我们正帮他捡的时候，一阵大风吹来，刮跑了我的围巾！

我追呀追，围巾像一只绿色的大鸟，在天空里飞来飞去，穿过了田野，飞进了一片树林。良治指着一个地方大叫：“围巾在那里！”我们走过去的时候，发现那儿是一片小草。小美又指着另一边说：“围巾在那里！”我们跑去过一看，发现那是一大片绿叶。爸爸的围巾去哪儿了呢？是变成春天的绿色了吗，这真是一条有魔力的围巾呀。

春天来了，我们被绿色包围了，没有了围巾，我也不会再害怕了。爸爸，我不会再哭了，你不要为我担心，我可以照顾妈妈了，你在天上看到我们这样，一定也会很高兴吧？

怎样讲好这个故事

♡涉及“单亲”与“死亡”的题材，敏感家长慎选

小男孩围上了爸爸的围巾，拥有了勇气与力量，可是爸爸为什么一直没有现身呢？故事的最后揭晓，原来爸爸已经去世了。

这是一个涉及“单亲”与“死亡”题材的故事，但重点不在于讨论生命，而侧重于表现一个失去爸爸的孩子在爸爸遗留的物件——围巾上获得力量，变得坚强、乐观的成长故事。有的家长担心孩子理解不了“死亡”这样的概念，出于本能地不太喜欢这个略带伤感的故事，所以，敏感家长请谨慎选择与孩子就这个故事进行亲子阅读。

♡友好地对待单亲家庭中的孩子

那些被爸爸妈妈疼爱着的幸福的孩子，可能无法理解失去了妈妈或者失去爸爸，甚至是失去双亲的孩子心里的羡慕、小小的善意的妒忌与孤单。由于单亲家庭中的孩子在“孩子圈”中情况特殊，特别容易成为别的孩子奚落和欺负的对象。因此，家长可以借助这样一个故事，引导孩子去正视这样一个群体，理解他们、帮助他们，与他们友好、平等地相处。

♡传递益于孩子成长的观念和主题

小男孩给人的印象有些胆怯、不自信。但是，一旦围上爸爸的围巾，

他就能够战胜恐惧，让自己变得勇敢起来。通读完这个故事后，家长可以和孩子讨论一下这个小主人公，问问孩子他勇敢吗、坚强吗。我们是不是该为这个小男子汉加油呢？将故事所传达的“勇气”“乐观”“坚强”的概念渗透进讨论里。

好故事为什么好

这个世界，终归不会如童话般完美，一个才上一年级的孩子失去了父亲，他才7周岁吧，还那么小，一条大黑狗都能把他吓得不敢呼吸，可是，他抓着爸爸的围巾，努力让自己勇敢一点儿，再勇敢一点儿。除了勇敢一些，他还能怎么样呢？

相信每个读这个故事的妈妈都会产生心酸的感觉，如果不是意外的变故，谁愿意把那么弱小的孩子推向“坚强”呢？他难道不应该被爸爸高高举起，尽情地欢笑吗？可是爸爸永远地离开了，于是，我们的小男子汉也要成长起来。看，他都可以帮助妈妈去超市购物了。妈妈的眼泪，除了欣慰之外，更多的是心疼吧？

孩子，感谢你用纯净的心灵成全了猫咪的阅读，如果你依然这样一如既往的善良、勇敢、坚强，那么，你将会获得一个美好的世界。而爸爸在天上，也一定会为你骄傲！

这是一个震撼心灵的美好故事，当生活出现缺憾时，我们仍然要勇敢前行。

在伤感与坚强中成长的小孩，加油！

10 鼓励孩子结交新朋友

为什么选择这个故事

☆好朋友柔萨丽去冬眠了，谁来和妮娜玩儿呢？新朋友雪人来啦。珍惜老朋友，结交新朋友，生活才会更加多姿多彩。

☆鼓励敏感的、不善主动交朋友的孩子扩大交友圈。

《我好想你》

清晨的阳光照进了妮娜的房间，响亮的笛声响起，妮娜一骨碌从床上爬起来，她知道，这声音是柔萨丽发出来的。柔萨丽是一只小土拨鼠，她在邀请妮娜一起玩呢。

两个好朋友在草地上你追我赶地玩了起来，柔萨丽还兴奋地在地上翻了几个跟头，然后从兜里拿出几个松果，和妮娜耍起来。玩了一会儿后，柔萨丽坐在软软的叶子上说，等冬天来的时候，她就必须要走了。妮娜大吃一惊，为什么走呢？她可舍不得自己的好朋友离开呢。可是没办法，所有的土拨鼠都要睡整整一个冬天，这叫冬眠。不过，春天的时候，他们都会醒来，所以，柔萨丽安慰妮娜说，等春天一来，她就会回来的。

时间一天天过去了，柔萨丽几乎站着就可以睡着了，她必须要走了，两个好朋友拥抱告别。妮娜有些难过，感觉要失去这个朋友一样。柔萨丽和她约定：收好她们一起玩儿的松果，明年春天见。

柔萨丽走后，妮娜失眠了，她觉得无法忍受一个冬天都见不到好朋友，虽然妈妈建议她可以和森林里别的朋友玩儿，但是，妮娜才不愿意呢，别的朋友怎么能和柔萨丽比呢？这一天，下了大雪，妮娜的哥哥和邻居们一起玩滑雪游戏，妮娜在一边孤独地看着，她好想念柔萨丽呀！她拿出松果，默默地说："嘿，柔萨丽，接住它。"松果落地，顺着斜坡往下滚，沾了雪的小松果越滚越大，等妮娜追上它的时候，它已经变成一个巨大的雪球了。妮娜马上行动起来，给这个雪球做了一个大大的雪身子，然后把雪球放在雪身子上。

妮娜打量了一下，自言自语："再装上一个树杈，你就是雪人啦。"

谁知，雪人开口说话了："谢谢你。"妮娜又惊又喜，雪人还会讲话吗？当然，雪人自我介绍说："我的名字叫弗里德尔，我除了会说话，还会唱歌呢。"妮娜高兴极了，她开始和雪人聊天，真开心。

从此，妮娜每天都去找雪人玩儿，他们一起做了很多事情，如猜谜、唱歌、作诗。雪人很会讲故事，他们在一起玩得很快乐。

一天天过去了，春天来了。这天，雪人跟妮娜说："看，有些花都开了，我也必须要走了。"妮娜吃惊地问："你要去哪里？"雪人说："太阳一出来，我就融化了，然后和小溪流一起去山谷里。"一听到离开，妮娜又哭了。

几天后，妮娜来到小溪旁，在水里找到了那根树枝和一粒松果，还有她围在雪人脖子上的围巾以及雪人戴的旧帽子。雪人走了，妮娜又伤心起来。

过了几天，妮娜突然听到一阵熟悉的笛声。啊，这不是柔萨丽发出的信号吗？柔萨丽回来啦！她俩拥抱在一起，柔萨丽迫不及待地问妮娜，过去的那个冬天她过得怎么样。妮娜兴奋地把雪人的故事告诉了她，柔萨丽可从来没见过雪人呢，不过，如果今年她可以晚一点冬眠的话，那么，她和妮娜就可以一起堆雪人啦。说起这个，两个好朋友更兴奋了，她们拿出松果，痛快地玩了起来。和朋友在一起，真是快乐啊！

怎样讲好这个故事

♡给孩子讲讲冬眠的常识

冬天一来，土拨鼠就要冬眠啦。什么是冬眠呢？

到了冬天，天气变得很冷，小动物们可吃的东西变少了。它们找不到吃的，怎样度过又冷又饿的冬天呢？它们就想出了躲在家里睡觉，不吃也不喝，一直睡到春天再出来的好办法！这个不吃不喝、躲起来睡觉过冬的办法就叫冬眠。家长可以用通俗的语言，帮助孩子了解“冬眠”这个自然常识。

♡鼓励孩子结交新朋友

小土拨鼠柔萨丽因为要冬眠，不得不与好朋友妮娜拥抱分别。分离令妮娜很难过，没有好朋友的冬天，要怎么度过呢？虽然妈妈鼓励妮娜去和别的小伙伴玩儿，但妮娜却只想念柔萨丽。

有的小朋友在交友方面并不存在障碍，比如像妮娜这样的孩子，她能长时间和一个固定的朋友保持友谊关系，说明她具备与朋友友好交往的能力。但这类孩子可能内心比较敏感，在没有把握被别人接纳的情况下，他们可能不愿意主动与陌生的小朋友交往。这类孩子只有在得到对方乐意与自己亲近并交往的信息之后，才会主动和不熟悉的小朋友玩。正如雪人热情地自我介绍后，感染了妮娜，妮娜才放心并且专心地和雪人玩了一个冬天。

通读这个故事的过程中，孩子会感受到妮娜和柔萨丽这两个小伙伴之间的友谊，以及妮娜和雪人之间的友情。引导孩子明白：我们要珍惜老朋友，也要不断地去认识新朋友，结交新朋友，共同分享好玩儿的事，这样生活才会多姿多彩。如果有一天与老朋友“分离”，那么就乐观地充满期待吧！分别是短暂的，分离是为了下一次的相见。只要心中有彼此，为相逢作出努力，那么老朋友总有一天会再次相见。

通过这个故事，让孩子的态度积极起来，扩大自己的朋友圈。

好故事为什么好

柔萨丽和雪人走的时候，妮娜都伤心得不行，这是一个很敏感的孩子，不太容易主动去结交新的朋友，又总对老朋友念念不忘。现实生活中，这样的孩子不在少数。

如果孩子长时间只有一个玩伴，那么他在以后与人接触的过程中，很容易出现害羞、恐惧等不合群的心理症状，不利于性格成长。所以，这个小故事是否能给家长提个醒呢？如果你的孩子比较敏感，不太善于主动结交新的朋友，那么借助这个绘本故事鼓励孩子的同时，也要帮助孩子发掘一些兴趣，教孩子学会“玩儿”，多为孩子创造与同龄人交往的机会。如果他很会玩儿，那么他就能很容易、很自然地参与到别的小团体中。而能玩出花样的孩子，往往很有吸引力，具备“领导范儿”，能把小伙伴聚合在一起。在玩的过程中，孩子的交际能力也会随之提升。

11 学会尊重孩子的选择和情感

为什么选择这个故事

☆母亲节的时候，老师让同学们给妈妈写一封感谢信，可是，孩子写着写着，怎么变成“控诉信”了呢？听听孩子是怎么说的吧！

☆爱孩子，首先要尊重孩子，尊重孩子的选择与情感，才能构建更亲密、健康的亲子关系。

《妈妈，你好吗》

妈妈，你好，在母亲节快到来的时候，老师出了个主意，让每个同学都给妈妈写一封感谢信，我的同桌勇介写的都是“妈妈，谢谢你给我做饭、冲牛奶”之类的话，我不想说那些，我想说点儿我想说的。

妈妈，你记得你的口头禅吗？那句“明白了没有”，不管说什么话，你总要加上这个“后缀”。今天，我的朋友阿香和勇介就在我旁边，你还絮叨着“上课的时候别和阿香聊天，听明白了没有？不要总是拽勇介的头发，明白了没有……”哎呀，妈妈，你真让我难为情。妈妈，我又不是小宝宝了，你不说这个我也明白的，我以前在上课的时候聊天，现在真的没有啦。还有，最近我也没有拽过勇介的头发啦，他剃了头发，偶尔我就是摸摸而已。妈妈，你明白了吗？

再说说我的房间吧，你总是形容我的房间像“猪圈”，然后打扫一番，妈妈，那是我的房间，不是吗？你喜欢整齐，可是我习惯乱糟糟的，呃，你听到一定又会生气的，可是房间里有很多我的宝贝，堆在一起，我看着就高兴。所以呢，妈妈，如果没有我的同意，你能不打扫我的房间吗？

你一定记得，去年冬天，你对着我的房间皱眉，说我的房间是垃圾堆，然后把我的东西打包扔掉了。气死我了，我一个星期拒绝跟你说话，妈妈，你扔的都是我的宝贝啊。有一张恐龙系列的画，就是你认为是“破蜥蜴”的那张，那是我上幼儿园的时候画的，那时候，勇介和别的小朋友经常在我的头上撒沙子，我被他们弄哭了，一边哭一边画恐龙，在画里，我可是大吼一声“嗷呜”就能用嘴喷火的厉害角色哦！在那里，谁也不敢欺负我了。

还有那块蓝色的石头，你知道是怎么得来的吗？上一年级的时候，我特别爱哭，有一次阿香欺负我，我哭啊哭啊，整整哭了一天。阿香惊讶极了，她从来没见过这么能哭的人呢，所以，把那块蓝石头作为奖品送给了我。嘿嘿，这听起来是不是有些不光彩呢，不过从那以后，我就不怎么爱哭了呢。

还有那双看起来很破的运动鞋，我去年穿着它，第一次在50米的赛跑中赢了勇介，妈妈你都不知道我有多开心，我恨不得每次跑步都穿着那双运动鞋。可惜我的脚长得太快了，鞋子越来越小，不过，就是这样我也舍不得扔掉。

还有被你扔掉的长颈鹿玩具，那可是我还是小宝宝的时候，圣诞老人送给我的礼物，我特别爱啃它，把它的脖子都啃断了，甚至还发了霉。不过，可以洗一洗嘛。我们都吃过发霉的年糕，为什么就要扔掉一只发霉的长颈鹿呢？

还有那颗橡子，虽然它身上都是虫眼，但却是我最最宝贵的东西。上二年级的时候，我为了躲那个厉害的班主任，藏进了学校的后山。你请了假来找我，没有对着我生气，也没有骂我，而是和我一起欣赏晚霞，一起捡橡子。妈妈，那颗被你扔掉的橡子，就是我们一起捡的呀！

还有一次，你买了一根冰棍，我们俩你一口我一口地吃完了冰棍，我舍不得扔掉剩下的那根小棍，就收藏了起来，然后，被你扔掉了。

我的很多宝贝，都被你扔掉了。

不过没关系，我后来又收集了很多宝贝，这让我不再那样伤心，所以，我希望妈妈以后不要随便清理我的房间了，好吗？让我自己管理我的房间吧。

哦，还有，妈妈，你总是忙忙碌碌的，切菜做饭，又洗衣服，一边叮嘱我别忘了带齐上学用的东西，一边踩着高跟鞋一路小跑去上班。阿香经常夸你很了不起，可是妈妈，你也不要走得太急了，穿着高跟鞋很容易摔跤的，你得小心一点哦！

妈妈，真是不好意思，我的零钱快花光了，所以，我现在很穷，只能送你一枝康乃馨和我自制的几张洗碗券。节日快乐哦，亲爱的妈妈。不过，洗碗券一天只能用一张哦。

怎样讲好这个故事

♡母亲节是怎么回事呢

母亲节那天，老师要求同学们为母亲写一封感谢信。关于母亲节，孩子又了解多少呢？互联网高度发达的现代社会，地球变得越来越小，西方一些充满人性的节日被国人大大推崇、吸纳，母亲节就是其中一个。母亲节是一个感谢母亲的节日，它最早出现在古希腊。现代母亲节由美国一个叫安娜·贾维斯的人发起，定为每年5月的第二个星期日。母亲们在这一天通常会收到礼物，康乃馨被视为献给母亲的花，

如果孩子问起：母亲节是什么呢？你不妨简单地跟孩子讲一下。

♡让孩子自主体会小主人公对妈妈的爱，做一次亲子沟通

本来老师是让写一封感谢信，结果孩子写成了“控诉信”。看起来，孩子对妈妈是有些不满呢。不过，他依然是爱妈妈的，因为最后呀，他像个小大人似的叮嘱妈妈“穿高跟鞋要小心哦”，还因为零用钱太少自制了几张洗碗券，这是要帮助妈妈洗碗来换零用钱呢。信是站在一个孩子的角

度写成的，里面的事件和情感会引起孩子的共鸣，因此，家长在读这个故事的时候，不妨学着孩子的口气阅读，增加讲故事的趣味性，体会小主人公对妈妈的爱。

通读过故事后，可以和孩子做一次小小的亲子沟通，请孩子讲一讲在生活、学习中，自己对爸爸妈妈有什么意见。家长要放低姿态，倾听孩子的意见，在不破坏原则的情况下，尊重孩子的意愿，与孩子商讨出可行的办法，解决掉他提出的小问题、小矛盾。

♡根据孩子的意愿，请孩子写一封给家长的信

对于大一点儿的孩子，家长可根据其意愿与兴趣，鼓励其像故事里的小主人公一样，给妈妈或者爸爸写一封信，表达自己的情感与要求。

好故事为什么好

这真是一个可爱的孩子，读了他的这封“控诉信”，很多家长可能要反省一下自己的管教方式了。

很多家长，总是根据自己的意愿去“教育”孩子，却未曾考虑过，或者说尊重过孩子的选择与情感。在小伙伴们面前絮叨着孩子的“缺点”，这也会让孩子“难为情”的哦，就像孩子说的，不要以为孩子是幼儿园的小宝宝。妈妈们，你们听到了吗?

关于整理房间，可能是很多家长最头疼的了，孩子的玩具太多，屋

里太乱，难道不应该整理吗？我们不是希望拥有一个干净整洁的环境吗？没错，但前提是要尊重孩子的情感，你眼里的“垃圾”，可能是孩子认为宝贵的东西，因为那里有他的记忆、他宝贵的情感体验。因此，家长无论对孩子做什么，首先要尊重他的情感，在这个前提下，孩子也会尊重你的“意见”。尊重之下，商量着来处理问题，这样的方式孩子接受起来会更容易一些。

小小的绘本里面有自己的奥秘。孩子是父母的镜子，孩子的问题都是成人的问题，这样一个故事，对于父母发现自己的问题、改善亲子沟通、构建更亲密的亲子关系也许会有些帮助呢。

12 领悟“善意”的神奇

为什么选择这个故事

☆一头调皮的喜欢恶作剧的奶牛，一个被吓得总做噩梦的邮递员，他们居然会成为黄金搭档！这要从一个包裹礼物说起……

☆收获快乐的阅读体验，观看一场场啼笑皆非的“埋伏”，感受善意带来的力量。

《奶牛的埋伏》

农场里有很多动物，有猪、鸭子、奶牛。奶牛的名字叫洛特，你知道奶牛洛特每天早上最喜欢做的一件事是什么吗？你知道他每天迫不及待地张望是在等谁吗？邮递员！是的，调皮的奶牛洛特，每天最开心的事，就是在农场里不同的地方“埋伏”起来，然后冲着送包裹的邮递员冷不丁地大叫一声。哈哈，每次邮递员都会被吓一大跳！然后拼命逃跑，那样子真是滑稽啊，每次农场里都被搞得鸡飞狗跳的。洛特乐此不疲地做着这件事，如果哪天邮递员没来，洛特就会特别不开心。

农场的女主人对洛特这个爱好颇有微词：“洛特呀，你老是这样做，我怎么收到完整的包裹呢？每次，邮递员都会被吓得甩掉包裹，所以，总有东西被摔碎，这可是一笔损失呢。况且，那个可怜的邮递员被你折磨得每天晚上都做噩梦。”

邮递员想，如果能送给奶牛一个包裹，她就不会再这样吓人了吧？说不定她还会喜欢上我呢。

这天，洛特又像往常一样藏了起来，冷不丁地跳出来吓唬邮递员。农场的女主人看到邮递员又被吓得逃窜，不得不再次阻止奶牛洛特：“站住！洛特，不要再追了！”她开着拖拉机追赶洛特。

邮递员一边跑一边喊：“今天这个包裹是送给你的，蠢牛，停止吧！”

洛特猛地刹住车，自己的包裹？她长这么大，还从来没收到过包裹，谁送的呢？是什么呢？

这个时候，包裹已经从邮递员的自行车上掉了下来，滚到洛特的身后，而紧跟其后的农场女主人来不及刹住拖拉机，车轮一下子把包裹压扁了……

邮递员呆了，车子倒在一旁。这可是给洛特的包裹啊，洛特也呆了，竟然一屁股坐在了车子上，这下邮递员的自行车可遭了殃，完全变形，没法骑了。邮递员哭了，他以后可怎么送邮件呢？

别担心，有时候，坏事会变成好事呢，想都想不到。

从此以后，洛特再也没有吓唬过邮递员了，不过每天早上，洛特还是迫不及待地等着邮递员出现，一旦挤完奶后，她就要同邮递员一起做她最喜欢做的事，是什么呢？当然是送邮件啦。洛特蹿起来向前奔跑，邮递员紧随其后，他们现在可是黄金搭档呢！

怎样讲好这个故事

♡了解邮递员的工作职责

这个故事的主角之一是邮递员，他经常给农场女主人送包裹。可以简单地跟孩子讲一讲邮递员这个“工种”：邮递员最早被称为信使或邮差，在1863年以前呢，邮递员并不把信送到收信人手里，而是由收信人自己去邮局领取。1863年以后，才开始送信到家的。以前，很多邮递员都是步行送信，随着时代的发展，才有了各种各样的工具，用得最多的是自行车，除此，还有骑马的、骑大象的、骑摩托车的……

现在，除了邮政，还有很多快递公司，快递员的工作职责和邮递员类同，负责把信件、包裹送到收件人手里。

♡感受“疯狂埋伏”引发的乐趣

如果家长手里有原绘本，可以请孩子仔细观察一下，奶牛都“埋伏”

在哪里？这只调皮的奶牛几乎“无孔不入”，一会儿藏在这儿，一会儿藏在那儿，然后伺机“偷袭”邮递员，邮递员每次都大惊失色，牛和人表情都很搞笑夸张，讲这些情节的时候，家长可以模仿奶牛吓唬人的口气和邮递员惊慌失措的反应，带给孩子快乐的阅读体验。

♡领悟“善意”的神奇

奶牛最大的乐趣是吓唬邮递员，但是，却因为一份来自邮递员的礼物收敛起自己的“顽劣”，与邮递员成了“黄金搭档”。请孩子想一想，这之中，是什么改变了奶牛呢？引导孩子理解来自邮递员的“善意”：主动送给奶牛一份礼物，来缓解双方你追我跑的尴尬与对立。

请孩子回忆一下，在自己的生活中，有没有特别难以相处的小朋友呢？比如性格比较怪异的，不爱搭理人的，爱搞恶作剧的……如果我们能拿出善意来对待这些小朋友，会不会收到温暖的回馈呢？鼓励孩子去试一试吧。

好故事为什么好

一头顽劣无比的奶牛，埋伏在农场的各处，使尽花招，偷袭前来送包裹的邮递员。可怜的邮递员每次都被吓得扔掉包裹仓皇逃命，精神濒临崩溃。虽说邮递员可怜兮兮的，但这个故事仍让每一个阅读它的人哈哈大笑：真没见过这么顽皮的奶牛，太淘气了！

邮递员无计可施的时候，突发奇想：要是给奶牛送一份礼物如何？

满怀诚意与善意去对待与你“对立”的人时，你会收到温暖的回馈。当奶牛欢乐地与邮递员一起去送包裹时，邮递员也一定是快乐的。善意改变了奶牛，善意化解了恶作剧式的捉弄，善意让他们成为好朋友！善意蕴含着力量。

苏霍姆林斯基曾说：“善良的情感是良好行为的肥沃土壤。”家长应该注重培养孩子善良的情感，这将为他们日后构建自己的人际关系打下坚实的基础。一个善良的孩子，将会收获更多的幸福与快乐。

快乐阅读之外，让孩子领悟到善意的神奇，这就是奶牛洛特与邮递员带给我们的财富。

13 唯有热爱、坚持才能成就梦想

为什么选择这个故事

☆一个真实的传记故事，威利·班特利热爱雪花，将爱好变成事业，从一个单纯的农人变成一个雪的专家，人们因此称他“雪花人”。

☆唯有真正的热爱与坚持，才能成就非凡的梦想。

☆荣获1999年美国凯迪克奖金奖。

《雪花人》

小男孩威利生活在美国的一个小农场里。农夫们每天早出晚归，出去做工，为家里挣钱。但是威利最喜欢做的却是观察雪花——听起来有些“不务正业”吧。但威利自己却很开心。这个地方每年要下很厚很厚的雪，他最快乐的事就是观察雪，他爱雪胜过其他所有东西。

捕到的蝴蝶，摘来的苹果花，都可以和哥哥或者妈妈分享，但是，他却无法和他们分享雪花，因为雪花很快就化掉了。妈妈不知从哪里搞来一台旧显微镜，这下可以观察细微的东西了，比如花瓣、雨滴、叶片……最令威利高兴的是，他可以观察雪了。

小伙伴们堆雪人、玩雪球的时候，威利在收集雪花，观察雪花。太神奇了，每片雪花都有各自的精致图案，每片与每片都不相同，如果能把这些雪花保存起来，让大家看到，该多好啊。这成了威利的一个美好愿望。但是，每次威利还没有画出雪花的形状时，雪花就融化了。

威利16岁那年，显微照相机诞生了。威利从报纸上看到这个消息，他拿给妈妈看，这种相机可以把雪花拍摄下来，并且能把小雪花放大64倍到3600倍。这下，人们就能看到美丽的雪结晶了。威利是多么希望拥有一台呀，妈妈知道，威利是想和别人分享雪花的美丽，她觉得自己的儿子在这种小事上如此执着，颇有些傻气。但是，她很爱威利，在他17岁的时候，他们把积蓄拿出来，用可以买10头牛的“天价”，给威利买了一台显微照相机。

威利高兴极了，不过，可能是他的拍摄技术有问题，照的第一批照片都是黑的，整个冬天，他都在拍摄雪花，但直到冬天结束也没有拍摄成功。直到第二年冬天来临，他用新的方法拍摄，才终于拍出了雪花，这下，大家都可以看到美丽的雪结晶了。

但是，人们并不买账，在他们看来，天上下的雪和地上的土一样平常，有什么好看的呢？不过，威利却觉得这些照片很珍贵，他觉得这是他送给世界的礼物。他坚持做着这件事，当别人在取暖、骑马，做各种各样的事时，威利永远在做一件事：收集雪花。如果收集的雪花是碎的，他还会再次收集，能收集到完整的雪花真不是一件容易的事啊：屋里不能太暖和，呼气不能哈到雪上，抖动、拍照动作太慢等都会让雪花化掉、碎掉。

一整个冬天，有时候他只能拍到十几张成功的照片，有时会多一点儿。

威利是如此热爱大自然，他用镜头去拍各种各样的事物，黏黏的枫树汁粘住挂满水滴的蜘蛛网，花朵缠住蚂蚱，披着露珠的时候，威利就会把这些都照下来。不过，他最爱的还是雪花的照片。这些照片有的送人，有的卖了，有的设计成生日礼物送给别人。除此之外，他还在院子里放幻灯片，那些美丽的雪花结晶投影到白布上，吸引了很多大人和小孩。

这一爱好成了威利的职业，他在杂志上发表了关于雪的文章，吸引了气象爱好者和学者、教授，他们赞赏威利的工作，赞赏他从普通的农夫变成研究雪的专家，威利被称为“雪花人”。虽然小有名气，但他并没有成为有钱人，他把自己的收入全部用于研究雪的事业中去了。66岁的时候，威利的书出版了，他将之称为“送给世界的礼物”。

出版之后的一个月内，威利在一场暴风雪坚持拍照，不幸生病，染上肺炎，两个星期后永久地离开了人世。

人们为他立了纪念碑，“雪花人”的故事也一代一代地流传下去，威利去世40年后，村里人成立了博物馆，纪念“农夫科学家”威利，纪念这位留住雪花美丽的“雪花人”。

怎样讲好这个故事

♡做些观察微观世界的准备工作

对于孩子来说，显微镜和显微照相机都是离孩子生活比较远的东西，显微镜是什么呢？显微镜下的东西和眼睛看到的东西有什么区别呢？讲这个故事之前，不妨带孩子去相关的科技馆真实体验一下微观世界的奇妙，这样讲起显微镜下的雪花晶体，孩子也比较容易理解。这既可以培养孩子观察微观世界的兴趣，激发孩子阅读科普类书籍的兴趣，又可以在孩子心中埋下一颗观察生活、坚持探索的种子。

♡唯有热爱、坚持才能成就梦想

威利热爱雪，对于他来说，观察雪是有趣而快乐的事情，不管多冷，不管保存雪的过程是多么艰难，他都能乐在其中。读这个故事的时候，让孩子自主感受威利对雪的热爱，以及为了让更多的人看到雪的美丽而付出的坚持与努力。

我们常说，“有梦想就去努力实现吧”。而真正的梦想是源于兴趣的，热爱是实现梦想的强大驱动力，只有真正的热爱，才会产生巨大的热情，才不会觉得当中的坚持是多么辛苦。正如威利在天寒地冻中取雪样，对于别人来说，那是一份苦差事，但对威利来说，因为热爱，做什么都是值得的，并且是快乐的。

如果说威利在最初有什么梦想的话，那就是将雪花的美丽分享给更多的人，但因为热爱的投注，他将研究雪花变成了事业，并在这个领域获得了成就，被尊称为“雪花人”。

所以说，要讲梦想，首先要讲兴趣与爱好，兴趣是最好的老师，兴趣是学习、探索的动力；孩子的梦想，就在兴趣里生根发芽，开出美丽的花。但是，孩子的梦想，或多或少都带着家长教导过的痕迹，或者是社会无形中的影响，所以，家长要善于鼓励孩子表达自己的爱好与兴趣，鼓励孩子坚持自己的想法，而不是由家长或者别人牵引着走。在兴趣爱好方面，家长不要把自己的想法强行安在孩子的头上。

请孩子讲一讲，自己特别爱好什么，将来想做什么。了解孩子的兴趣，鼓励孩子为兴趣去学习、探索。

好故事为什么好

这是一个真实的传记故事，威利·班特利热爱雪花，父母倾尽积蓄，送给他一台显微照相机，他就想出各种方法把看到的雪花拍下来，不管天寒地冻、风雪残暴，一直将这项事业坚持到人生的终点。最终，他从一个单纯的农夫变成一个雪的专家，人们因此称他“雪花人”。

这个取材于真实人物的传记故事有强大的说服力与激励作用。难得作者将一个伟大的“雪花人”的一生浓缩于一个小小的绘本故事中而又不失重点，孩子们会从这个故事中了解微观世界的概念，除此之外，威利将对雪的热爱转化成事业并成就梦想的经历也会对孩子们产生潜移默化的影响。

威利的父母对于儿子的支持态度与做法也值得家长反思自己。美国的小学中，有科学老师用这本书当作教材。孩子们的感想之一是：“很敬佩班特利的父母愿意用积蓄买相机给他。”台湾著名童书评论人柯倩华说：“或许，孩子们更羡慕的是，威利真的被允许去追寻那‘看起来平凡不稀罕’的梦想吧！”作为父母，你是如何对待孩子的梦想的呢?

14 相信自己的梦

为什么选择这个故事

☆79岁的杰德爷爷用一生的坚持，将梦想变成了现实。向每一个勇于追逐梦想、实现梦想的人致敬！

☆给孩子一个梦想的启示，给孩子一个相信梦想、坚定前行的榜样，给孩子一份激励人心的力量。

☆美国图书馆协会推荐童书；入选美国彩虹阅读好书榜；美国科瑞特·史考特·金童书奖金牌奖。

《杰德爷爷的理发店》

在所有的亲戚中，我最喜欢杰德爷爷，他是我爷爷的弟弟。

我是黑人小孩，我周围的人，都是黑人，我们住在“黑人区”，原来，谁要想理发，就得走三十多里路，去那儿的理发店理发。但是现在，杰德爷爷每星期三晚上来我家，为人们理发，省去了人们的奔波之苦，为大家带来便利。

我见过杰德爷爷为爸爸和爷爷剪发，刮胡子。我也想让他给我理理发，于是，杰德爷爷就在我的脖子上抹些乳液，拿工具在我的后颈上来回移动，假装剪发，这能让我高兴一整天。

杰德爷爷常常会把我抱起来，告诉我他的梦想：将来开一家理发店，里面会有亮晶晶的冲水台，有干净光滑的地板，有4张专用的理发椅。除了这些之外，店外还要竖起一块显眼的招牌。为了这些，杰德爷爷一直在努力存钱。

这些话，杰德爷爷都说了好多年了，不过，没有人拿它当回事，那些年，人们很现实，他们关心的是眼下能不能吃饱。对于住在简陋的小房子里的穷人来说，梦想是很缥缈的东西，太不实用了。

我5岁的时候，一场大病击倒了我，我躺在床上，出了很多汗，昏迷不醒。妈妈抱着我，爸爸驾着四轮马车，载着我们奔波了二十多里路，终于来到了镇上的医院。

那时候，黑人和白人是有区别的，黑人用黑人的厕所，白人用白人的厕所，饮水机不同，学校不同……是的，医院也有规定，我们黑人得去指定的诊室等待，医生要看完所有的白人病人后，才肯为我诊治。这一切，叫作种族隔离。

等了很久之后，医生开始为我诊断，说我需要动手术，手术费是300美元。

天知道，我们根本拿不出这么一大笔钱，如果没有这些钱，医生就不肯为我动手术。爸爸妈妈没办法，只好把我带回了家，一边精心地照顾我，一边发愁。

第二天一早，爸爸找到正在帮人理发的杰德爷爷，把我的病情告诉了他。杰德爷爷一开始有些吃惊，但马上安慰爸爸说不用担心钱的问题，他是不会眼看着亲爱的孙女被病痛折磨的。就这样，杰德爷爷拿出了他的积蓄，帮我交齐了手术费，我得救了。那一段时间，杰德爷爷每天都来看望我，我有些难过，杰德爷爷把开理发店的钱给我用了，我的病推迟了他的梦想实现。

几年以后，杰德爷爷又存了一些钱，足够买地和盖房子了，只差买设备和装修的费用。他的梦想就快要实现了。可这个时候，一个坏消息传来，爷爷的朋友告诉他，他们存钱的那家银行倒闭了，这意味着杰德爷爷的三千多元的存款都没了。

杰德爷爷默默地站了半天，我真怕这个消息会击倒他，但是杰德爷爷虽然很失望，但他相信，重新开始，一切都会好起来。

在那段经济萧条的日子里，大家都穷得很。但是，杰德爷爷还是坚持为人们理发，人们没有能力付钱的时候，会分享给爷爷他们所能给予的热饭、鸡蛋、蔬菜等，等有了钱，再付给爷爷。就这样，积少成多，杰德爷爷再次存了些钱，

杰德爷爷79岁生日那天，他的理发店开张了，如他原来跟我描述的一样！那天，店里来了很多顾客，都是过去那些年爷爷的客户，他们真诚地来祝贺杰德爷爷。爷爷高兴得很，忙活了3天，一一为顾客剪发，我也去了，像小时候一样，杰德爷爷在我的脖子上抹上乳液，推着我在椅子上转了一圈又一圈。我都是成人了，爷爷老去了，我们仿佛又回到了几十年前

那样贫穷但快乐的时光。

不久，杰德爷爷永远地离开了我们，我知道，他是快乐地离开的，他的梦想实现了，即使从来没有人把这个梦想当真过。

相信自己的梦，这是杰德爷爷教给我最宝贵的东西。

怎样讲好这个故事

♡反对种族歧视

在这个故事中，小主人公生病住院，却被“区别对待”——去黑人指定的诊室，并且，医生要先把白人病人看完，才能接治黑人病人。这是什么？这是种族歧视！

帮助孩子了解，这个世界上，如果按肤色特征分的话，有黄种人、白种人、黑种人和棕种人。人种属于自然范畴，绝无优劣之分，但在历史上，黄种人、黑种人、棕种人却被“区别对待”，不能同白种人一样，享受同等的权利。这种以自然遗传的体质特征决定某种族在本质上比其他种族优越的意识形态，就是典型的种族歧视思想。种族歧视不只存在于历史中，在文明发展进步的今天，它仍然存在。

通过这样一个故事，引导孩子懂得，每个人的肤色和他所属的族群都应该受到尊重，人人生而平等，我们要反对种族歧视。

♡体味故事的人文价值，相信梦想，坚定前行

很难想象，在黑人备受歧视的历史背景下，在经济大萧条的艰苦困境中，杰德爷爷的内心究竟承载着多少不为人知的忍耐、痛苦和失去。但是，整个故事却没有透露出半点抱怨、忧伤，我们看到的是坚定的信念、辛勤的耕耘、永不放弃的梦想——杰德爷爷79岁的时候，终于开起了他的理发店。这其中，历经波折：曾经，为了给孙女治病，花掉了积蓄；经济萧条、银行倒闭，再次积累的财富又化为乌有。而且，在那个为温饱挣扎的群体里，没有人拿杰德爷爷的梦想当回事，在不被人认可和财富流失的重压之下，杰德爷爷未曾退步、未曾放弃——不是所有的人都能够如此坚持，那个多年以后开起来的理发店，已经不单纯是一个理发场所了，它是一种宝贵的精神。

仁慈、坚持、梦想、毅力、乐观，将这些概念在讲故事的过程中渗透进去，与孩子一起，体味杰德爷爷身上所具备的宝贵品质，感受故事所传递的鼓舞人心的力量。

好故事为什么好

一位仁慈、善良的老人，在孙女无钱医治疾病时不吝拿出积蓄，倾囊相助。这一举动，推迟了他的梦想——开一家理发店——的实现。没关系，财富还可以再积累。经济大萧条时期，银行倒闭，存款顷刻化为乌有。越来越近的梦想突然间遥不可及。“还可以重新开始”，这位老人始

终这样认为。终于，在他79岁那年，梦想成为现实——79岁，人到暮年，他几乎是坚持了一生，为着一个旁人都认为不可能的梦。这位可敬可亲的老人，用他的乐观和坚持，为世间干涸的心灵注入了重新出发的力量与勇气。

你还有梦吗？你还相信梦吗？

多少人为梦想奋斗过，再激情昂扬，也不过是昨天的青春莽撞，残酷的现实让人自以为成熟起来，碰壁、无形的生存规则让他们很快颓然放弃，再谈梦想，已是多么奢侈的事情呀。别说为梦想奋斗，连相信都谈不上了。

杰德爷爷留给小孙女最宝贵的财富就是：相信自己的梦。我们也总是希望能给孩子一个梦，也许，这样一个好故事确实能给孩子心底种下一颗朴素、追梦的种子，但是，如果我们成人都没有梦想，并且为梦想坚持的话，那么我们又有什么资格去希望孩子这样做呢？

15 尊重生命，热爱和平

为什么选择这个故事

☆用孩子的视角记录战后人们的心灵之痛，一个严肃沉重的战争话题。

☆了解战争的残酷，珍惜和平生活，培养孩子的“反战”观念。

☆美国公共电视“阅读彩虹”选书；美国《图书馆期刊》年度最佳童书奖；美国《号角》杂志评选年度最受欢迎童书奖。

《爷爷的墙》

爸爸带我走了很远的路，来到一面巨大的墙前，那是我爷爷的墙。

在这面墙上，密密麻麻地刻了很多人的名字，也包括爷爷的名字。爸爸告诉我，很久以前发生过一场战争，爷爷和那些人都在战争中死去了。我们沿着墙找啊找，我问爸爸："爷爷的名字在哪里？"爸爸说他得找一找。

这面墙很大，也很亮。我可以在上面看到我和爸爸的影子，树的影子，乌云的影子。

离我们不远处，一个坐着轮椅的人一直在看墙上的名字，我仔细地看了看他，他穿着军用的迷彩衣，戴着一顶别着奖章的军帽，不过，他的双腿不见了，裤管压在腿底下。他见我默默地盯着他，还微笑着跟我打招呼。

有位老太太，和我奶奶年纪差不多，她看完墙上的名字后，抱着身边一位老先生伤心地哭泣，老先生也在哭，他拍着老奶奶的肩，轻轻地安慰她："好了，好了。"

这面墙下，摆着很多东西，旗子、旧的玩具、相框、信件，信件都用石头压着，免得被风吹走，还有人留下一些玫瑰花，不过都枯萎了。

我再一次问爸爸："爷爷的名字找到了吗？"爸爸仔细地看着墙寻找，名字太多了，它们是按死去的年代排列的，爷爷是1967年过世的，爸爸就在那个范围里一列一列地找，他的手划过一个一个的名字，我也学着他的样子，用手划过那些名字。这些名字刻得整整齐齐，真奇怪，这面墙摸起来好温暖呀。

爸爸找了很久，突然，他的手停在一个名字前，说："找到了，在这儿。”

我问他：“是爷爷的名字吗？”爸爸的声音开始变得很小，不仔细听几乎听不清了，他说：“是，是你的爷爷，我的爸爸，他离开的时候，差不多和我现在一样大。”

爸爸的手抚摸着那个名字，来回擦，他要把它擦掉吗？也许，他只是想记得这份摸起来的感觉。他把我抱起来，我也摸了摸爷爷的名字。

我们带了纸和笔，爸爸把纸铺在爷爷的名字上，用铅笔涂啊涂，这样，爷爷的名字就印到纸上了。这时候，一位爷爷带着一个小男孩从我们身边经过，小男孩央求爷爷去河边玩儿。他的爷爷很慈爱，答应带他去，不过，希望他能先把衣服的扣子扣好。如果我的爷爷在，那么，他是不是也像这样，带我去玩儿呢？

一位老师带着一群学生走过来，她们每个人手里都拿着一面小旗子，有的学生问老师：“老师，这面墙是专门为死去的军人建造的吗？”老师告诉他们：“是的，墙上的名字都是军人的名字，但这面墙，属于我们大家。”我默默地听着，爸爸一直低着头看墙，一句话也不说。后来，那些学生又问了一些问题，然后把小旗子埋在墙底的土里，散去了。

这时候，爸爸把印着爷爷名字的纸小心地收到皮夹里，然后拿出一张我的照片，我有些不好意思，那张照片是爸爸妈妈专门在学校里为我拍的，照片上的我，像模像样地系着领结，看起来傻乎乎的样子。爸爸郑重地把这张照片放在了爷爷名字下方的草地上。

风吹来，把照片吹走了，我赶紧捡回来，用一块小石头压住，放回原地，照片里的我，在石头底下微笑着。爷爷一定不知道这个微笑的小孩儿是谁吧？我问爸爸。爸爸说：“我想，爷爷知道你是谁。”

好吧，我靠近爸爸，这里真安静，让人感到很难过。

爸爸点点头，郑重地对我说："是很难过，不过，这是无比光荣的地方，爷爷的名字能刻在上面，是一件了不起的事。"

事实上，我也觉得爷爷很了不起。但是，说心里话，我更希望爷爷在我身边，带我去河边玩儿，告诉我扣好衣服，免得被冻感冒了，就像刚才那位爷爷一样。爷爷，与你的名字被刻在墙上相比，我更希望你就在我身边。

怎样讲好这个故事

♡战争话题，不适合讲给太小的孩子

这是一个涉及战争的故事，虽然故事里没有正面描述战争的场面，但是其中的细节却将战争的残酷和战后人们心灵饱受苦痛刻画得入木三分：曾经参战，幸运活下来的老兵，却失去了双腿，令人心悸；白发苍苍的老夫妇失去了孩子，丧子之痛永远都没有办法抚平；故事的小主人公"我"从来没有见过爷爷，也永远都不会见到了……死亡、战争的话题过于严肃和沉重，幼儿理解起来也比较困难，所以，这个故事不建议讲给太小的孩子。

♡生命教育：培养孩子的反战观念

在讲这个故事的时候，引导孩子认识到战争的残酷性：老兵为此失去

了双腿，老夫妇为此丧子，再也没有办法相见。墙上刻着那么多名字，这意味着什么呢？这意味着每一个名字的背后，都有一个家庭永远地失去了亲人——这就是战争之痛！

请孩子想一想，人们为什么要去建这样一面墙？是为了纪念以及警醒。纪念逝去的亲人，警醒人们珍惜和平。可以想象，故事中的爸爸和孩子、失去腿的军人、失去孩子的老人、前来参观纪念墙的小学生……所有经历和感受过“永远的失去”的人，一定会反对战争。

用这个故事引导孩子感受战争带给人们心灵的创伤，了解战争，认识战争的残酷，意识到和平的宝贵，培养孩子的反战观念。

和平环境中长大的孩子，无法体会战争造就的苦难。尤其是那些热衷于网络游戏的孩子，沉浸于虚拟世界里的攻击和杀戮，觉得生命的取得和消失是稀松平常的事，对生命的淡漠和麻痹态度令人担忧。所以，讲这个故事，也是在对孩子进行严肃的生命教育，让孩子意识到生命的可贵，懂得去尊重生命、反对战争、反对暴力。

好故事为什么好

这是一个读起来令人动容、发人深省的故事。

这个故事，没有展示任何战争的可怕场面，但却用“活生生”的“永远的失去”展示着战争的残酷。墙上的任何一个名字都曾是鲜活的生命，这些生命的逝去又牵扯到无数的家庭，意味着他们与亲人永远都不会再相见——那是一份怎样的痛呢？老太太伏在同样苍老的丈夫的肩上，伤心地哭泣。她再也见不到儿子了，世界上有什么比再也无法相见更令人绝望的呢？而“我”作为一个孩子，虽然知道爷爷的名字刻在墙上很了不起，但是，如果可以选择，“我”更愿意爷爷陪在身边！孩子，我们要如何向小小的、天真的你们去解释，这个世界上曾经发生过可恶的战争，人们究竟是为了什么而互相厮杀，以至于使父母、妻儿再也没有见面的机会呢？

愿世界上每一个孩子都能远离战争，反对战争，尊重生命，热爱和平，健康地长大。

16 鼓励孩子坚持梦想，热爱阅读

为什么选择这个故事

☆故事中的黑人孩子9岁，每天都要随同大人一起去做苦工，累得腰酸背痛，在这样困苦的生活面前，他一直心怀读书的愿望。亲爱的孩子，生活在优越环境中的你，是不是要珍惜自由阅读的机会呢？

☆由美国黑人教育家卜克·华盛顿的真人真事改编而成。鼓励孩子坚持梦想，热爱阅读。

《最想做的事》

每天早晨天还不亮的时候，我就要起床，和爸爸、哥哥一起离开家，点着煤油灯赶路，拿着工具走出小镇去做工。

每次走在路上的时候，我的肚子都饿得咕咕叫，那是我还没有吃早餐的缘故。不过，吃早餐并不是我真正想要做的事，现在，你知道我最想做的事是什么吗？读书！是的，我好想阅读啊。当然，如果有早餐吃的话，那就更好了。

但是，现在我正在工作，每天从早到晚，我们都在盐场里做工，负责把盐巴装进木桶里。每天，盐都堆得像小山一样高，比爸爸的个子还高，我们每天辛苦地装来装去，盐巴却看起来一点儿都没变少。

每天的休息时间就是吃饭的那一会儿空当，爸爸从口袋里拿出一些土豆和玉米饼，作为我们的饭食。我会一边啃土豆一边看那些盐山，盐铲起来好重啊，白得刺眼，还粗糙得很，一不小心的话，裸露在外面的皮肤很容易就被这些白色的晶体划破了，疼得很。

每天的劳动让我感到很累，手臂酸痛，但是，我并不在意，唯一渴望的就是：如果能让我阅读，那该是多么美好的一件事啊。我今年都9岁了呢。我看见过别人读书，我觉得书里一定藏着很多的秘密。

到了晚上，做了一天工的船夫、煤矿工、桶匠们都很累了，但他们喜欢围坐在一起聊天。现在，人们可以自由地走动与做事了，就看你想不想去做，我不想当一辈子工人，我想要读书。

这时候，我看见不远处有一个人站在高处，为人们朗诵报纸。我眼巴巴地看着他，他的皮肤和我一样是棕色的，看着他，我仿佛看到了希望，看到了自己的未来。我多么希望自己也能和他一样，能够读懂那些字符，能够把自己知道的念给别人听啊。我暗暗下决心，要像他一样，成为这个小镇上最会阅读的人，孩子们都围在我身边，听我念书，那感觉真是太好了。

正当我陷入沉思的时候，爸爸过来拉我回家。爸爸不知道我的想法，他也不知道我想要做什么样的人。可是，阅读的想法太强烈了，回到家后，我便对妈妈说，我要学会阅读，我一定要学会阅读。妈妈拉着我的手，她会理解我的想法吗？

有一天，妈妈从她为别人家洗烫的衣服堆里找出一本小书，递给了我。她没有告诉我书是从哪里来的，她也不认识字，但她知道那是一本被叫作“字母”的书。就这样，我得到了人生中的第一本书。

每天晚上回到家，虽然又疲惫，手脚又酸痛，但我仍然愿意捧着那本书看，我看不懂，就想象着那些符号怎么发音，我把它们画在地上，想象着它们是什么意思。你能想象那种感觉吗？很像一个没有腿的人，却想要跳起来。我要怎么办呢？好压抑啊，不行，我要去找那个阅读报纸的人，也许他可以帮助我。

我提着灯笼四处寻找，终于在一张长椅上找到了他。他教我念那些符号，每发出一个音，我都兴奋异常，真好。你知道我有多高兴吗？我都跳起来了，又喊又笑，仿佛到了另外一个美妙的世界。

我央求那个人再教我一些东西。他问我：“能告诉我你的名字吗？”我大声说：“我叫卜克。”然后，他拿起木棍，在地上写下了我的名字。我守在名字前，久久地凝视着，舍不得离去。嘿，梦想，我终于把你抓住啦！

怎样讲好这个故事

♡坚持梦想，梦想始终是一种激励

这个小故事，是由美国黑人教育家卜克·华盛顿的真人真事改编而成。卜克·华盛顿小时候家境贫困，为了养家糊口，小小年纪就与父亲一起外出做工，他的周围也都是一些单纯地以付出劳力而养家生存的“文盲”。在这样的环境下，难能可贵的是，卜克·华盛顿始终心怀阅读的理想，渴望读书、渴望帮助别人。这样的渴望让他抓住机会，向一位识字的先生请教、学习，最终走上了一条不同于其他人的路。后来，卜克·华盛顿创办了一所黑人小学，在艰难与坚持中，卜克·华盛顿带领着小学日益壮大，这个学校成了世界最大、最著名的黑人学校。1915年，卜克·华盛顿离世，世界各国的报纸都用大字登在第一版上。有10万黑人给他立了一个铜像，还刻上了字，写的是：他去除了民众的愚昧。他透过教育和工业的道路去指导民众。

这样一个现实励志版的故事，可以前后综合起来给孩子讲一讲。这个故事本身截止于卜克·华盛顿触摸到梦想之始，而结合卜克·华盛顿后来的成就，孩子可以看到，卜克·华盛顿坚持梦想，作出了多么了不起的事。

将贫困、坚持、梦想这些概念植入讲故事的过程中，引导孩子明白，美好的梦想将战胜贫困，点亮希望，改变命运。梦想始终是一种激励。

♡启示孩子珍惜读书的机会，开启孩子的阅读欲望

故事中的小主人公才9岁，却要每天出去做苦工，和爸爸一起为这个家出一份力。他那么渴望读书，却没有钱去买书，没有机会去学校上学。从这个角度请孩子比较一下，他们现在的生活相对于小主人公的生活而言，是多么优越，让孩子懂得去珍惜自己拥有的一切，激发孩子的阅读欲望。

最后，请孩子说一说，他有什么“最想做的事”呢？要怎样去做这件事呢？

好故事为什么好

一个生活贫苦的孩子，一直心怀读书的渴望，当识字的先生教他读出字符时，他兴奋得上蹿下跳，流露出发自肺腑的欣喜，真令人感动——他才9岁呀，他本就应该在学校里接受良好的教育，自由而快乐地汲取知识。可是，在那样一个时代，他却无法上学，还要随同成人去做苦工。生活的重担与小小的年龄如此不相称，但对知识的渴求与对梦想的坚持却无比强烈，一个贫苦而坚持的孩子身上，蕴藏着巨大的热情与能量，那样的执着着实令人震撼。

这个与现代生活反差巨大的小故事，提醒着生活优越的孩子们，相比故事中困苦的孩子来说，他们是多么幸福，可以想读什么书就读什么书，不懂的地方可以请教老师或者求助于网络。故事中孩子“最想做的事”是

现实中孩子轻而易举就能做到的事，所以，快乐地去阅读吧！用知识去开阔视野，用知识去武装自己，如果能以此去帮助别人，那也是一件无比美好的事呢。

17 你最后得到的，可能比你原来期待的更好

为什么选择这个故事

☆列车载着14个孤儿出发了，他们将被不同的家庭认养，未来的命运会怎样呢？勇敢去面对吧！

☆了解“孤儿列车”的历史，了解孤独孩子的故事，向孩子传递面对生命困境的积极态度。

☆美国杰弗逊杯荣誉图书；美国图书馆协会年度最佳童书大奖；台湾《联合报》读书人年度最佳童书。

《开往远方的列车》

我叫玛丽安，我身后站着13个孩子，排成了一队，我们都是孤儿。现在，我们要在卢小姐的带领下，登上一列火车，去西部不同的站点，

等待收养家庭的认领。卢小姐为我们准备了毛巾和药品，还有换洗的旧衣服。

5岁的萝拉跟我坐在一起，她是一个有礼貌的小孩，很可爱，有一头好看的鬈发，她一定是第一批被选走的人，而我……我在列车玻璃上看见了自己瘦长的脸，我知道自己长得不好看，我摸着口袋里的羽毛，默默地想，她一定会要我的，她一定会在站点等待我。

萝拉紧张地拉着我的手，她像是跟我约定一样："玛丽安，会有人以为我们是姐妹吗？我不想和你分开，如果有人要把我们分开，我们就不要去了……"卢小姐显然听到了萝拉的话，她告诉萝拉，假装姐妹是没有用的，几乎没人同时要两个孩子。也就是说，我和萝拉被同一个家庭选中的可能性几乎没有。

火车很快就开动了，把货车场、旧房子、仓库、苹果树都远远地甩在后面。在车上，卢小姐指挥我和另一个大女孩，拉着一条毯子，隔开男孩与女孩，要我们换衣服，让我们看起来干净、利落一些。换完衣服，我们吃了一些面包，喝了一些牛奶，然后伴着火车车轮发出的声音入睡了。妈妈，我就要来了，你会等我吗？

火车跑了几天几夜，来到了指定中的第一站，我们下车的时候，看到了很多人，还有一个男人在拍照，大概是记者吧。人群中没有我的妈妈。

一个人带领着我们去市政厅，我们分两排坐在小椅子上，等待着人们挑选。结实的男孩很快就被挑走了，在收割方面，他们是人们认可的劳动力。又高又壮的玛薇也被选中，那个瘦小的太太说，玛薇可以做很多家务事呢。卢小姐一边签同意书一边对瘦小的太太说："请好好对待玛薇，后期我们会派人来看她过得好不好。"卢小姐说这话显然没有什么底气，那个太太还为此不高兴来着。

一对夫妇在我和萝拉面前停下来，女人很喜欢萝拉，同丈夫商量是不是可以选她。萝拉握紧我的手，小声说我是她的姐姐，可不可以一起选走。那个女人对卢小姐说：“可是我们只想要一个女孩。”卢小姐很快地接道：“当然了，她俩只是朋友。萝拉，快站起来。”卢小姐又叫我的名字示意帮忙，我用力地把萝拉的手掰开，她哭了，那个女人哄她：“马车上有小狗，愿意玩儿吗？”可怜的萝拉一直哭，一直哭，但还是被带走了，我也伤心地哭了。

没有被选中，我是庆幸的。因为我必须等我的妈妈，她把我送到孤儿院的时候，曾经说会回来接我。当时，她在鸡肉厂工作，我从她的头发上摘下一根沾着的羽毛，贴在脸上，我哭着问她什么时候来接我。她说圣诞节以前。可是，好几个圣诞节过去了，她都没来。

挑选完毕，剩下了9个孩子，我们又坐着火车来到了第二站。在这一站，7岁的卢迪和一个会倒立的男孩被挑走了。

卢小姐把我们剩下的孩子又带回车上，伤感地说：“你们都会找到好的家庭，这样总比在街头流浪要好。”

到下一站的时候，我还是没找到妈妈，所有报纸都在报道我们孤儿院的事。妈妈，你在哪里呢？我来了，带我回家好吗？

在这一站，活泼的苏珊被带走，她一见到一对面容和善的夫妇后就张开双臂叫了“爸爸妈妈”，把他们乐坏了。男人慈爱地抱起了苏珊，苏珊问他们可不可以养小狗。他们爽快地答应了，看得出来，他们很喜欢苏珊。剩下的3个瘦弱的小男孩也很快被选走了。一个女人没好气地嘟囔道：“真没什么好选的了，下次应该去第一站选。”

这句话刺痛了我，妈妈不要我，其他人也都不要我吗？如果妈妈不在下一站等我，我要怎么办？

还剩3个孩子了，包括我。我们又跟着卢小姐回到火车上，卢小姐给我们打气，鼓励我们唱歌，可是，没有一个人唱。此时，我很想念萝拉，我想如果有人能领养我，我会请求他们带我去看看她。

很遗憾，在第四个站点，另外两个女孩也被选走了，只剩下我一个人了。卢小姐尝试着给一对夫妇解释，玛丽安很会带小孩。可那个男人并不买账，女人婉言拒绝："我们只是随便看看……"不过，她好心地递给了我一个苹果，我道谢，眼泪流了出来。

只剩下最后一站了。

卢小姐在车上帮我梳头发，安慰我。我伤心得都不愿再说一句话。

最后一站到了，有一对夫妇在等待。女人胖胖的、矮矮的，不是我的妈妈。男人却长得高大，有些驼背。他们看起来年纪很大，女人手里还拿着一个小火车头玩具。

看到我，女人说了一句："只剩……"她没有再说下去，但是我知道她要说什么，只剩下我了，我不是他们想要的。不过，那个女人一直温柔地看着我，这让我觉得，她好像很了解我的痛苦，她把小火车头送给了我，说是送我的礼物。

我说："你们并不想要我是吗？你们想要一个男孩。"

那位太太爽快地承认了，她温柔地对我说："我们也不是你想要的，是吗？我们看起来有些老，我结婚的时候就很老了，我总觉得以后能找到更好的丈夫，不过，有时候，你最后得到的，比你原来期待的更好。"太太和先生彼此对看，很恩爱的样子。

我把口袋里的羽毛拿出来，我知道妈妈不会等我了，我把它送给了眼前这位太太，当作礼物一样。太太把羽毛插在了自己的帽带上，接过了同意书。她再次温柔地看着我，说："你愿意跟我们回家吗？"

我愿意。

怎样讲好这个故事

♡交代清楚故事的历史背景

在完整家庭中长大的孩子，对"孤儿""领养家庭"这些概念比较陌生，在讲这个故事之前，可以将故事的背景简单地向孩子讲一下：在1850～1920年之间，大约有10万个无家可归的孩子，从纽约由火车送往美国中西部的小镇上或者农庄上，由一些家庭认养，火车被称为"孤儿列车"。孤儿列车是美国最早被记载下来的系统化孤儿认养活动。在这个大宗的迁移动作之后，美国的儿童保护法令很快地被建立起来，这就是后话了。这样一段历史，应该让孩子了解一下。而本故事就是以此为背景，讲述了14个孤儿被认养的经历。

♡篇幅过长，主题严肃，不适合低龄孩子

这个故事比较长，讲的又是在特定的历史背景下，一群孤儿被认养的社会问题，以及孤儿们内心深处经历的磨难：典型的就是玛丽安，她自认

为长得不好看，又不像男孩那样可以承担更多劳动，所以，一直到最后一站前，没有一个人选她，而她最渴望见到的妈妈也没有遵守承诺，不仅没有在约定的时间将她从孤儿院接走，而且再也没有出现过。不被人接受、被抛弃的玛丽安，内心的痛苦可想而知。而5岁的小女孩萝拉一直很依恋玛丽安，哭着要求认领家庭将她俩一并带走，被拒绝后一直哭，令人心疼。一个才5岁的孩子，内心对于陌生的恐惧和与熟人分别的不舍可想而知，粗暴的、无情的现实令人难过。这样的情感体验不太适合低龄孩子。

♡安抚孩子的情绪，传递面对生命困境的积极态度

这个故事读起来令人难过，有的家长反映，讲到一半的时候，孩子竟然哭了起来——对于敏感的孩子来说，家长要注意及时进行心理干预，安抚孩子的情绪。

对于生活幸福的孩子来说，重现这样的历史是残酷的，和他们同样大小的孩子，没有玩具，没有父母，或者被父母抛弃，像商品一样被人们挑来拣去，被迫进入陌生的家庭，是幸福还是不幸，都无从谈起。所以，讲这个故事的时候，气氛会比较沉重、悲伤，但值得欣慰的是，认领玛丽安的太太应该是一位好心人，她温柔，并且相信“你最后得到的，比你原来期待的更好”，她一定会善待玛丽安，这句话是希望的信号，对于遭受过挫折或者打击的人来说，这无疑是最好的鼓励。

引导孩子理解这个光明的结尾，给这个悲情的故事画上一个明亮的句号。向孩子表达自己的爱，疏导孩子由故事引发的情绪。

好故事为什么好

如果不是因为这本书，恐怕很多人还不知道，在人类的文明进化过程中还有这样一段历史。在70年的时间里，“孤儿列车”曾经前后载着10万孩子，奔向不同的站点。这些孩子被各种家庭认养。被认养的孩子对于这些家庭意味着什么呢？劳动力，没有亲生孩子的情感寄托，或者是性别补缺（家里有男孩，希望再要一个女孩）……总之，走出孤儿院的他们，前途并非一片光明，或许有一些孩子会受到很好的照顾，得到一个家，得到温暖的爱。但多数孩子，被当作潜在的劳力认养，处境并不乐观。

这样一个主题的故事，可能会被家长本能地回避掉，认为这样的故事过于沉重。凡是灾难性的、家庭破裂的、伤痛的、困苦的故事，被家长下意识地拦截，实际这并不是理智的做法。

让孩子了解真实的历史，勇于面对现实的不如意，赋予孩子面对困境的积极态度，才是这类故事最终让孩子们受益之所在。

18 如何对待“执拗”的孩子

为什么选择这个故事

☆“查理与劳拉”系列之一，这一次小劳拉又语出惊人：“这本书是我的，我的，我的……”嘿，劳拉，图书馆里的书可是公共资源哦。

☆如何对待“执拗”的孩子？多一点儿耐心，多一点儿技巧。

《喂！等一下，那是我的书》

我叫查理，我有个好玩儿的妹妹叫劳拉。对，就是那个“我绝对绝对不吃番茄”的劳拉，她喜欢看书，看很多很多的书，不过此刻，她只爱一本书，在她看来，没有任何书能同那本书相比。

这天，劳拉催促我："快点儿，查理哥哥，爸爸要带我们去图书馆借书，我们得快点儿走，借到那本《甲虫、臭虫和蝴蝶》。"对啦，这本《甲虫、臭虫和蝴蝶》就是劳拉的心头大爱，可是我明明记得上一回，爸爸就替她借过这本书。劳拉立刻张开小嘴："可是，查理哥哥你不觉得《甲虫、臭虫和蝴蝶》是世界上最棒的书吗？它是我最爱最爱的书了，我好想立刻就看到它，对，就现在！现在！立刻！马上！"

劳拉意犹未尽地说："查理哥哥，你不知道，那些臭虫是多么神经！啧，真是难以形容。可是那些蝴蝶就漂亮得没法比了，真好看。说到甲虫，它们爬行的样子真是愚蠢。更好笑的是，当它们栽倒的时候，会使劲儿地蹬它的小腿，滑稽死了。"劳拉扭着自己的脖子形容说："甲虫栽倒的时候，甚至没法像这样，把脑袋转过来。"

我知道，我看过那本书，因此，我不得不提醒一直说话的劳拉，我们该出发去图书馆了。但劳拉还在那里兴奋地形容："查理哥哥，你绝对想象不到，甲虫蹬小腿的时候是多么滑稽！"

好不容易出门了，但劳拉还是忍不住一路在夸赞那本书，她肯定地说："我打包票，没有一本书可以和《甲虫、臭虫和蝴蝶》这本书相比，它教会我们动物知识，又很搞笑，从头看到尾，我都快笑死啦，真是好玩儿极了……我现在就想立刻拿到这本书！"

到了图书馆，劳拉开始寻找她的心头大爱，她念着书的编号，嘟囔着："咦，我的书呢？怎么不见了？"

我不得不提醒劳拉，在图书馆要保持安静。

劳拉继续嘟囔："查理哥哥，我没有说话啊！你瞧，我的书不见了，不见了！”

劳拉急了，声音又提高了一倍。

我又一次提醒她保持安静。

劳拉委屈地说：“可是，我的《甲虫、臭虫和蝴蝶》丢了。”

我小声解释：“劳拉，这是图书馆，你喜欢的那本书很有可能是被人借走了。”

劳拉不甘心地说：“查理哥哥，那是我的书，我的。”

我真是不知道该说什么：“劳拉，别忘了，图书馆可不是你一个人的，这里的书是公共的，不属于每一个人，每个人都有权利借书去看。”

我那有趣的妹妹还是不甘心：“不，别人不能那么做，那书是我的！”

我只好继续耐心地解释：“劳拉，在这个图书馆里有很多很多的书都等着你挑选呢，有关于侦探的、恐龙的、冒险的，呃，还有幽灵的，你害怕吗？关于公主的、飞机的、太空的、城堡的、魔兽的、火车的书，好多啊，还有怪物书、讲小精灵的书，还有关于罗马的书……对了，讲罗马的这本书很好看，可以教给你所有罗马王朝的事情，比如，古罗马人是如何修路的，怎么驾驶战车的，怎样挥舞宝剑杀敌的……”

劳拉撇撇嘴：“不，我对这种长篇大论的东西一点儿也不感兴趣，我喜欢图画书，查理哥哥。”

好吧，我来找一找图片多、字少的书。有了，百科全书，里面可有一万多张图片，可以学到好多知识呢，我拿下百科全书，翻出一页讲直升机的图给劳拉看。

劳拉痛苦地抱住头：“查理哥哥，拿开啦，我最头痛这种大部头的书啦，动不动就什么什么全书，又厚又硬又沉，我的《甲虫、臭虫和蝴蝶》

要比它精彩一万倍！”

好吧，我这个妹妹真是难伺候。

我又拿出一本立体书，里面的图片可都是立体的哦，劳拉看了一眼，觉得有点儿神奇，不过，劳拉肯定地说，与她的《甲虫、臭虫和蝴蝶》比起来，那本书更有趣，可以一直让她哈哈大笑。

嗯，让我想想，动物书，还得好笑，我拿下一本《猎豹和黑猩猩》递给劳拉，几乎是在恳求她看一眼，看一眼再发表评论。劳拉接过书，说：“好吧，我看一看，不过，它未必能比《甲虫、臭虫和蝴蝶》好看……”

这时，坐在沙发里捧着书的劳拉突然发现了什么，她指着一个拿着书的小女孩说：“看，查理哥哥，那个女孩拿走了《甲虫、臭虫和蝴蝶》，她不知道，那是我的书吗？”

女孩又走远了一些，劳拉一急，想站起来追上去，不料一个没坐稳，一下子仰在沙发上，顿时“四脚朝天”了，哈哈。劳拉爬不起来，还跟我说：“查理哥哥，我和我书里的甲虫一样了。”

我扶她起来，她执意要去追那个借走《甲虫、臭虫和蝴蝶》的女孩，我说：“可是劳拉，你答应我看一眼《猎豹和黑猩猩》的。”劳拉不甘心地拿起书，嘟囔着：“好吧，我就看一眼，不过，它一定不如我的书好看。”

很快，劳拉就被书吸引了，她兴奋地指着书说：“嘿，猎豹跑得好快啊，黑猩猩真能恶搞，查理哥哥，你瞧，这个……哇，这真是本好书啊，全世界都找不到这样一本好书了，又好玩儿又可爱，这个小猩猩宝宝，真搞笑啊……”

嘿，劳拉，你还记得《甲虫、臭虫和蝴蝶》吗？

怎样讲好这个故事

♡帮助孩子了解图书馆的相关常识和规定

您的孩子对图书馆了解多少呢？图书馆是一个什么样的地方呢？

这个故事涉及一个公共场合：图书馆。如果您家的孩子还没有去过图书馆，不妨给孩子描述一下这个“知识殿堂”，告诉孩子一些常识：图书馆里有很多很多的书，按图书馆的规定办理借书卡后，每个人都可以去图书馆借书。但是，借来的书不能损坏，而且要按时归还。如果在图书馆里借阅，必须要保持安静，不能打扰别人。另外，要遵守图书馆的相关规定。关于怎样寻找要借的书，可以带孩子亲自去体验一下。

♡模仿劳拉的语气朗读故事，学习科学的育儿方式

这是一个有趣的故事，故事中的劳拉，很可能有孩子自己的影子，家长在给孩子阅读这个故事的时候，不妨模仿劳拉的语气，保持语调上的抑扬顿挫，使孩子移情于境，调动起孩子的阅读兴趣。除此之外，家长应该从劳拉的“执拗”和查理的耐心与引导上收获启示。你的孩子，有时候是不是跟劳拉很像呢？

小劳拉是可爱的，也是霸道的，她不止一次地固执地表明：那本书是我的，是我的！而且坚持认为，她的书是最好看的，拒绝其他所有的书，这样一个难缠的孩子，让人觉得又无奈又好笑。

孩子的这种行为在我们成人看来，颇有些蛮不讲理，家长应该借助这个可爱的故事，了解一些秩序敏感期的常识，如果你的孩子在某一个阶段非常的“执拗”，难以变通，难以理喻时，那么，孩子很可能进入秩序敏感期了。比如，晚上回家时，孩子要按自己的意愿，先打开客厅的灯，再打开其他房间的灯，如果有人破坏了这个秩序，孩子会不依不饶地把灯都关了，然后重新按照他的意愿再开一次。再比如，孩子会坚持，奶奶绝不能穿妈妈的鞋子，或者吃饭时，客人绝不能坐在爸爸常坐的位置上……家长要意识到，类似这样的“执拗”，要如何科学地对待。除了耐心之外，技巧也是非常重要的，多学习一些科学的针对性的育儿方式是有必要的。

好故事为什么好

还记得那个说“我绝对绝对不吃番茄”的劳拉吗？她总是这样，表达自己的时候，总是带着小小的固执和霸道的意味。这个故事里也是，尽管查理哥哥一再跟她解释，图书馆的书是公共资源，但她还是理直气壮地表示：不，别人不能借走那本书，它是我的，我的，我的……那本书是世界上最好看的书，没有一本书能好看到超过它……

这样顽固又霸道的孩子，真是令人抓狂。

可是她的哥哥查理，总是能耐心地把这个孩子引到“正常”的轨道上来：不，劳拉，图书馆不是你一个人的；是的，你可以看看其他的书，很多种类的；哦，不喜欢这种的，那我们找找你说的关于动物的、好玩儿的图画书吧；嘿，劳拉，你好歹看一眼……从这个角度来说，耐心加巧妙的方式引导，对于“一根筋”的孩子来说，简单是“撒手锏”呢。

有时候，你的孩子是不是也像可爱又固执的劳拉一样呢？试试查理的办法吧，对于“不讲道理”的孩子，硬碰硬是不行的，要迂回取胜。

19 梦想是璀璨的，实现梦想的过程是艰辛的

为什么选择这个故事

☆一个是想学走钢索的小女孩，一个是曾经创造辉煌但心存恐惧的高空走索明星，这对组合会擦出什么样的火花呢？

☆给孩子一份梦想的激励，唯有梦想，才能激发出精彩的生命！

☆荣获美国凯迪克奖金奖。

《天空在脚下》

很多年前，在法国巴黎的一条街上，有一个很受欢迎的小旅店，店主葛太太烧得一手好菜，她的小助手——女儿米瑞会帮着她切菜，她很勤

快，洗床单、拖地板、打扫房间样样拿手，把小旅店打扫得干干净净。加上配备了舒服的羽绒床，因此小旅店吸引了很多从远地而来的演员、街头艺人和特技高手。

米瑞最喜欢的事，就是听那些流浪艺人讲旅途中各种冒险的故事。对她来说，外面的世界又神奇又好玩儿。

有一天，一位长得又瘦又高的男青年来到店前，他说自己叫贝利尼，曾是一个走钢索的特技演员。他看上去精神不太好，神情忧伤。他说，他需要一个房间安静地休息一下。葛太太为他安排了后院一个清静的房间，贝利尼叮嘱葛太太把饭送到房间，看起来，他不大喜欢与人接触。

隔天，米瑞去后院收床单，眼前的一幕让她惊呆了：贝利尼搭了一条绳索，正来回地在上面走动呢。太神奇了，米瑞羡慕得不得了，她好想上去走一走啊。米瑞忍不住开口恳求贝利尼："你能教我走钢索吗？"谁知，贝利尼先生竟然叹了一口气，劝米瑞不要学这个，因为一旦开了头，人就不会愿意再行走在地面上了。可是米瑞觉得，此时此刻，自己的脚已经不愿踩在地面上了。但最终，贝利尼还是拒绝了她。

米瑞不甘心，她每天都躲在门背后，观察贝利尼是如何轻巧又平稳地走钢索的，并暗暗地记下关键点：不看脚下，眼睛直视前方。有一天，趁贝利尼出门，米瑞便迫不及待地跳上绳索，尝试着走动。但是，她根本站不稳，摇摇晃晃的，很快就摔了下来。

米瑞跌在地上，暗下决心，努力练习，一定要学会走钢索。偷偷地练习了十多次以后，米瑞终于可以单脚站在绳索上停留几秒了，又苦练一星期之后，米瑞可以走完全程了。她好兴奋啊，想马上就表演给贝利尼先生看。

贝利尼看到米瑞的成绩，沉默了很久。这个女孩，确实是有天分的，又能勇于战胜失败，不肯放弃，对于钢索特技艺人来说，这都是难能可贵的。他终于答应教米瑞学习走钢索，而米瑞也高兴地表示，她会每天提早两个小时起床，把旅店的活干完，剩余的时间用来练习。

在贝利尼严格地指导下，米瑞进步飞速，她学会了很多，如钢索演员的礼仪及如何在绳子上跑来跑去、平躺、跳跃、翻跟头。现在，米瑞可以稳稳地走好几圈都掉不下来了。米瑞兴奋极了，她自信地说："我永远都不会掉下来。"贝利尼严厉地告诫她不要骄傲。

一天晚上，店里来了一位著名剧院的经纪人，他在去餐厅的路上遇见了贝利尼，吃惊的经纪人跟一位哑剧演员说起了与贝利尼相遇的事。"什么？贝利尼？你是说那个在300米高空横跨尼亚加拉大瀑布的贝利尼？"哑剧演员惊呼道。

经纪人点点头，说："是的，他横跨大瀑布返回的途中，还在钢索上放了一个炭火炉，煎起了鸡蛋，还就着香槟酒喝了起来，并且向观众敬酒。"经纪人说起这些事，一脸赞叹的表情。

"不仅如此，贝利尼的壮举还有很多呢，他曾在双脚上绑着篮子，横跨了阿尔卑斯山；蒙着双眼走过冒火的高索；在钢索上发射过大炮。这个人，又冷静又了不起啊！"经纪人不住口地赞叹道。

这些话都被米瑞听到了，她跑到贝利尼的房间，兴奋地求证着："他们说的是真的吗？我也要做那些事，我要跟你一起走钢索。"

贝利尼摇摇头："不，我不会再带你走的！"他看着米瑞，忧伤地说："你知道吗，我害怕走高索，曾经走高索的恐惧感觉一直没有离开过我，我没有办法摆脱那种可怕的感觉。"

米瑞像个小大人一样对贝利尼说："你一定要让恐惧离开！"贝利尼

摇了摇头，说：“我做不到。”米瑞哭着跑开了，她真是无法理解，走高索带给她那么多快乐。现在，她崇拜的老师竟然是一个深陷恐惧的人，她心里真是失望。

而贝利尼看着小米瑞哭着跑了，也觉得糟透了，怎么办呢？他来回地在屋里走动，天快亮的时候，他想出一个办法，但他不确定能否行得通。

贝利尼找到那个经纪人，开始实施计划，当天晚上，他们连夜在广场的两幢楼之间架起了一条钢索。人们都被吸引来了，经纪人大喊：“伟大的贝利尼回归啦！”米瑞也来到广场上，兴奋地看着这一切。贝利尼站在钢索的一头，光圈打在他的身上，人们屏住呼吸，期待着这位伟大艺人的表演。

贝利尼踏上钢索，向人群致意，可是，只迈出一步便停住了。人们疯狂地呼喊着，贝利尼还是一动不动。米瑞知道是怎么回事了，她飞速爬上另一幢楼的楼顶，站在了钢索的另一端！

勇敢的米瑞走上钢索，向贝利尼伸开了双手，贝利尼笑了，他迈开脚步走了起来，并且单膝跪在钢索上，伸出手，绅士般地向米瑞作出邀请的动作。此时的米瑞，稳稳地在钢索上走动，星光下，师徒二人尽情地享受着高空走索的乐趣。

人群沸腾了，大呼精彩。而经纪人看到师徒二人的表演，已经默默地在心里计划着二人的环球演出了。

米瑞和贝利尼的环球演出名字叫“了不起的奇迹”，巨大的宣传海报贴了出来。一个小女孩默默地在海报前站了很久，她的心中，也一定产生了一个美好的梦。

怎样讲好这个故事

♡梦想是璀璨的，实现梦想的过程是艰辛的

小女孩米瑞帮助妈妈一起打理一个小旅店，她很勤快，每天的生活就是给妈妈打打下手。忙碌完了后，听听店里的客人讲一讲外面的世界，她最喜欢冒险的故事。可见这个时候的米瑞，内心已经不是那么“安分”了，直到看见在院子里走绳索的贝利尼，她内心的想法清晰起来，也可以说，她的梦想产生了：她要学会走钢索。

然而，贝利尼先生在最初拒绝了她，因为实现梦想是一条艰苦的路：会摔下来，会不断地失败，要不断地练习……从这个角度来说，这是一个教育孩子的良好契机，梦想是璀璨的，但实现梦想的过程是艰辛的，只有经过不懈的努力才会实现！

通读完这个故事，可以鼓励孩子讲一讲自己的梦想，以及要实现这个梦想，需要做些什么。儿童心理学家认为，梦想是孩子自我形象的理想化。鼓励孩子追梦，孩子会产生强劲的内驱力，面对各种困难也会主动想办法去克服。因此，家长要善于鼓励孩子表达自己的梦想，呵护孩子的梦想，发挥梦想对于孩子的激励作用。

♡勇敢面对自己的内心，超越自我

贝利尼曾经创下很多的“壮举”，但谁会想到，那种悬高的恐惧一直跟随着他。即使他曾经横跨过尼亚加拉大瀑布和阿尔卑斯山，即使他曾经

在绳索上发射过大炮，但他也还是会害怕。米瑞说：“你一定要让恐惧离开！”贝利尼摇了摇头，说：“我做不到。”有时候，人会被自己的内心牵制，就连向前跨出一步都极为艰难。所幸，贝利尼遇到了同样行走在梦想路上的米瑞，迎着她，贝利尼将恐惧踩在了脚下，他战胜了自己。每个人内心都有介意的、害怕的、无法释怀的东西。请孩子说一说自己心里有什么恐惧的或者讨厌的东西，读了这个故事，能不能尝试勇敢地去克服一下。

好故事为什么好

这是一个有关于梦想、坚持、超越自我而最终成功的励志故事。

一个整天忙碌于琐碎生活的小女孩，在偶然的契机下认识了高空走索人贝利尼，燃起了她的梦想。凭借着天分和勤学苦练，她终于学会了走钢索。然而，她并不知道，教他的人是一个鼎鼎有名的高空走索明星。她更不知道，被光环与掌声包围的贝利尼，内心竟然充满了对高空走索的恐惧，以至于郁郁寡欢、离群索居。

梦想，看起来璀璨；光环，看起来耀眼。可谁又能理解，那背后不为人知的忍耐与坚持，挣扎与纠结？可是，有梦想总是好的，它点亮了庸常的生活，正如师徒二人在星光下横跨夜空一样，那样的辉煌，那样的美好，那样的震撼人心。

生活在继续，梦想也在继续。愿孩子像故事里最后那个小女孩一样，从这样一个故事中汲取力量，收获梦想的鼓励。

20 有时候，孩子的需求没有道理可言

为什么选择这个故事

☆活泼淘气的玛德琳住院了，为什么小伙伴们也都想生病住院呢，一起来读这个有趣的故事吧。

☆理解孩子没有道理可言的需求；在孩子生病住院时的现实指导模本。

☆美国凯迪克奖银奖；美国《号角》杂志年度好书；入选美国《出版者周刊》“所有时代最畅销图书”。

《玛德琳》

在法国巴黎，有一栋爬满藤萝的老房子，房子里住着一位叫克拉菲的老师和12个小女孩。

老师把12个女孩分成两排，每排6个人。孩子们每天在餐厅排成两排吃饭，在洗手间排成两排洗漱，在大卧室里排成两排睡觉。出门的时候，遇到善良人，她们会报以微笑；遇到不好的人，则会愤怒。遇到摔伤了腿的人，她们会很难过。

每天早上9点半，她们会排成两列准时出门，不论天气是好还是坏。

这里面最小的那个孩子叫玛德琳，她天不怕地不怕，敢和小老鼠聊天，敢在动物园老虎的笼子前做鬼脸，对着老虎喊一声“喵”，我们可都不敢接近老虎呢。更绝的是，她知道怎样把克拉菲老师吓得差点儿昏倒。有一次我们走在一座桥上，所有的人都走得好好的，玛德琳却一下子站到了桥栏上，摇摇晃晃的，摔下去可不得了，老师都快被她吓死了。

有一天夜里，克拉菲老师正睡觉的时候，忽然听到有声音从大卧室里传来，她迅速地跑到大卧室查看，原来是玛德琳在使劲地哭。克拉菲老师急死了，马上请来了医生，医生诊治后，冲到电话前给医院护士打电话，请求增援救护车，玛德琳竟然得了盲肠炎，这需要动手术呢。我们都吓哭了，医生用毯子把玛德琳裹起来，跳上了呼啸而来的救护车。

两个小时过去了，玛德琳醒来的时候，她已经在医院里了，四面都是白墙，桌子上还有一盆好看的花。玛德琳很快就能吃饭了，她的病床还能神奇地摇上来、摇下去。玛德琳一个人待在医院里，她才不无聊呢，天花板上的裂痕被她看成是兔子的图案，窗外还有阳光和鲜花。

10天后，老师宣布，我们要去医院看望玛德琳。遵守着医院的规定，我们轻手轻脚地，拿着鲜花和花瓶，来到玛德琳的病房。哇，玛德琳好幸福啊，她的房间里有好多好玩儿的玩具，还有糖果，以及布娃娃。最令人吃惊的是，我们在她的肚子上，看到了一道疤。

过了探视时间，我们离开了医院，回到老房子里，像往常一样，吃饭、洗漱、睡觉。有一天晚上，克拉菲老师被一连串的哭声惊醒，怎么回事呢？克拉菲老师飞快地跑着，来到孩子们的大卧室里。天啊，所有的小孩都在哭。怎么了？孩子们说："我们也要得盲肠炎。"

克拉菲长出了一口气，谢天谢地，所有的孩子都很健康。她安抚孩子们好好睡觉，然后关灯、关门，退出了房间。孩子们，晚安。

怎样讲好这个故事

♡结合原绘本阅读

原绘本没有特别紧凑的故事情节，文字也比较少，所以建议家长找来原绘本，与孩子共读这个绘本故事。要把阅读的重点放在观察图画上，这本书以巴黎的一些著名建筑为场景，可以引导孩子观察、认识绘本里有名的建筑。如第9页，孩子们穿过旺多姆广场时，遇到一个捂着帽子紧追珠宝盗贼的警察；第24页救护车驶过有埃菲尔铁塔耸立的街道。除此之外，还有巴黎歌剧院、卢森堡公园、卢浮宫。这些巴黎的街景能拓宽孩子的视野。除此，排成两排的队列也会吸引孩子们不停地去数数，寻找最小的玛德琳，观察故事中各个孩子的造型。比较难以给孩子解释的是这本书的社会背景，对于生活在国内的孩子来说，修女、修道院这些概念很难向孩子表达清楚。

另外，这个故事由于文字较少，大部分的画面下只有寥寥几句的图解，所以给想象力丰富的家长自由发挥保留了空间。在讲到玛德琳生病那一段的时候，克拉菲老师身体首次出现了倾斜，医生向电话跑去的姿势也显得无比焦急与滑稽。这些细微的刻画都表达了人们对玛德琳病情的关心，如果家长用比较急促的语气来解读，将会让孩子移情于境，感受到那份焦急与担忧。

♡故事的现实指导意义

玛德琳因为盲肠炎住院，并且动了手术。这个故事情节被某些家长赋予了较强的现实意义，如果孩子因病需要住院和手术，那么如何跟孩子解释这件事呢，我们推荐以先讲故事后说明的方式来帮助孩子理解住院和手术这件事。当然，这是特定的情境下这个故事的现实指导意义，可以参考一下。

好故事为什么好

这首先是一个好玩儿的故事，12个小女孩中，最小的玛德琳却最胆大，捉老鼠，在老虎笼子前大喊“喵”，知道怎样能把老师吓个半死，这个活泼淘气的孩子身上，是不是有孩子的影子呢？他们看这个故事的时候，一定会“心有戚戚焉”。

玛德琳得了盲肠炎入院，小伙伴们去看望她，结果发现医院里特别“好”——有好多好玩儿的玩具，还有糖果和布娃娃。结果有一天晚上，孩子们集体向老师哭诉：我也要得盲肠炎。孩子们视割盲肠是幸运的事，竟然纷纷效仿，这也提醒着各位家长，孩子的需求没有道理可言，他们往往只能站在自己所能理解的角度去提出需求，其实这也映射出他们内心真实的需求，作为家长的你，又是否能理解孩子内心的真实需求呢？

21 尊重孩子的人格与感受

为什么选择这个故事

☆在“快点儿妈妈”的催促和“等会儿爸爸”的敷衍中，猫宝宝无所适从，竟然都不知道怎么打呼噜了……家长的爱，应该让孩子愉悦，而不是成为他的负担！

☆给所有忙碌的家长一个提醒，爱孩子，就该尊重他，了解他的想法，尊重他的感受，多花一点儿时间陪伴他。

《快点儿妈妈，等会儿爸爸》

菲菲是一只猫宝宝，他看起来和其他小猫没有什么两样，他身上长着厚厚的、软软的毛，嘴边还有几根小胡须，会喵喵喵地叫，会抓东西。不过，妈妈却说，他的动作真是慢得要命啊，菲菲的妈妈每天都忙碌得很，她常常失去耐心地对菲菲大叫："快点儿，菲菲。"每天被这样催，菲菲背地里管妈妈叫"快点儿妈妈"。

菲菲的爸爸每天下班都很晚，大多时候，爸爸到家的时候，菲菲已经睡着了，而早上，一向不迟到的爸爸总是匆匆地洗漱，匆匆地吃饭，菲菲想要跟爸爸说什么的时候，爸爸总是打断他："等会儿再说，菲菲，等会儿……"菲菲背地里管爸爸叫"等会儿爸爸"。

爸爸妈妈很爱菲菲，每个周末都会陪着菲菲一起玩，去博物馆，或者去看电影，或者去参观动物园。不过，不管是在哪儿，妈妈总是爱催他："快点呀，菲菲。"但是有时候，菲菲并不想走那么快，他很想歇一歇，于是爸爸便对他说："宝贝，等会儿再歇着……"菲菲觉得，所有的东西都是嗖嗖嗖的，这个世界仿佛永远在高速运转一样。

最近，忙碌的爸爸妈妈发现了一个严重的问题，菲菲不会像其他猫宝宝一样发出咕噜咕噜的声音，这让他们非常担心，等待了几个星期后，菲菲还是不会发出咕噜咕噜的声音，爸爸妈妈决定带他去看医生。

医生一口咬定，发不出咕噜咕噜的声音是不正常的，需要手术。这可把菲菲吓坏了，他虽然并不太清楚手术是什么，但他从心眼儿里不想做那个什么手术，怎么办呢，必须尽快学会咕噜咕噜吧。菲菲逃出医院，去寻找那个能教他咕噜咕噜的人。

他走啊走，路过熊先生的房子，听到里面发出巨大的呼噜声，菲菲高兴坏了，走进去，敲了敲熊先生的肚皮，希望能拜他为师，但是这一举动打扰了熊先生的美梦，他生气地叫菲菲滚出去，不要吵他睡觉。菲菲吓坏了，赶紧跑开了，这可真不是一只友好的熊。

菲菲走啊走，又来到一个车库里，一个汽车的发动机发出咕噜咕噜的声音，菲菲顺着声音走过去，那个发动机一下子喷了他一脸又黑又臭的烟。修理师傅抱怨个不停，菲菲倒是学会了几个抱怨的词汇，却没有学会打呼噜。

菲菲不甘心地继续往向前，来到一棵树前，风吹树动，发出呼噜呼噜的声音，菲菲爬到树上，却遭遇了一窝蜜蜂，幸亏他逃得快，才没被蜇到。

一路上，菲菲又听到了很多声音，风扇呼呼呼，飞机呜呜呜，割草机嗡嗡嗡，青蛙呱呱呱，水流哗啦啦，可是，谁也没有教会他怎么打呼噜。没办法，他只好失望地回家去了。

家里，爸爸妈妈都快急死了，妈妈站在窗户那儿看，爸爸坐在沙发上等，这好像是他们第一次停下来。他们反思着自己，哪里出了问题。生活节奏对于菲菲来说，是不是太快了，他承受不了呢？

这时候，沮丧的菲菲回来了，他真是觉得难过，如果他不会打呼噜，那么他就不可能成为一只真正的猫了。妈妈看见菲菲后，一下子跑过去把他抱在了怀里，爸爸却站着不动，他在生气，猫宝宝怎么可以不辞而别，而且这么晚才回家呢？不过，妈妈抱着菲菲哭起来的时候，爸爸忍不住也走过来，一家三口拥抱在一起。爸爸握着菲菲的小爪子，一句话也没说。

这时候，空气里响起了小小的呼噜声，妈妈确定不是自己发出来的，也不是爸爸发出来的，那是谁呢？妈妈兴奋地说："是小宝贝发出来的呢。”爸爸自豪极了，他从来都没有听过这么动听的呼噜声呢。菲菲依偎在妈妈怀里，抓着爸爸的手，没有人动，时间像暂停了一样，呼噜声越来越响。嘘，菲菲睡着啦！

怎样讲好这个故事

♡做情感交流，寻找与孩子更好的相处方式

这个故事，是站在孩子的角度来描写妈妈与爸爸的，但是，它却是一个不折不扣写给家长的故事，猫妈妈与猫爸爸对待小猫的方式，是现实中很多家长的写照。妈妈一般是家庭中照顾孩子的主力，精力大多消耗在日常的琐事中，慢慢地与孩子的交流就彻底生活化了：“快点儿，上学要迟到了！”“快点儿，饭要凉了！”“快点儿穿衣服，别磨蹭了！”永远是一副“你必须要……”的命令口气。而在家庭照顾和教育中常常“缺位”的爸爸，很多时候无意识地把孩子拒之以千里之外，孩子要求互动的时候，会被温和地拒绝，“等会儿，我要……”他很“忙”，他要工作，他要应酬，他有太多要做的事。很多家长就是以这样的方式，切断了与孩子的情感交流，忽略了孩子的需求与感受。

所以，讲这个故事最关键之处，是需要家长停下匆忙的脚步，静下心来，与孩子交流读这个故事的感受，借此做些情感交流，请孩子讲一讲自己有没有像小猫宝宝一样，对爸爸妈妈有些不敢说的“不满意”之处。反省自己，作出尊重孩子的姿态，拿出耐心和诚心，与孩子探讨更好的相处

方式，请孩子监督执行。

好故事为什么好

这个世界上，有很多的“快点儿妈妈”与“等会儿爸爸”。你是吗？

很多家长都喜欢所谓的“好孩子”，乖乖的、听话的、顺从的。可是，孩子也是一个活生生的个体存在，他有自己的想法，自己的感受，他需要成人的照顾，但他不隶属于成人，不应该被成人粗暴地命令、指责、忽略。故事里的猫宝宝，夹在极端的父母之间，竟然不晓得怎么打呼噜了，那不是天生的本能吗？但在父母的催促与拒绝中，猫宝宝无所适从，而这对父母竟然带他去看病，医生竟然也诊断其为“不正常”。多么可笑，那么聪明与健康的一个孩子，竟然在成人的世界里被视为是病态的，逼得他到处去学习打呼噜。最终，失望与一无所获的猫宝宝回家后，猫妈妈与猫爸爸开始重新审视自己与孩子的相处方式，生活节奏是不是太快了一点儿呢？他真正需要的是什么呢？

他需要尊重，需要被认可，他希望父母可以重视他的要求与感受，对他来说，这才是真正的爱。比起父母在周末带他像转陀螺一样停不下来地玩儿相比，他更需要拥抱、陪伴，多一点儿时间的等待，这样他才能成为一个很棒的孩子。瞧，他不是开始打呼噜了吗？谁说他不会呢？

相信孩子、尊重孩子，提高陪伴的质量，才能构建更亲密的亲子关系，孩子也才会更健康而快乐地长大。这就是这个故事给所有家长的启示。

22 给老人多一分宽容、关怀和理解

为什么选择这个故事

☆一个诠释家庭与亲情的故事，奶奶去世后，爷爷来到城里与我们生活，可是，他有很多的不适应和不习惯，他最终又回到了乡下，什么时候，我们能回去看望爷爷呢？

☆成年人可以从中找到自己父辈的身影，孩子可以从中体会到小主人公对祖辈的爱，体会到生命里需要关怀、宽容和感恩。

☆至今已被译成12种语言；奥地利青少年图书奖；维也纳少儿图书奖。

《我爱我的爷爷》

今天，我和爸爸、妈妈、妹妹一起，去火车站接爷爷，奶奶去世后，爷爷就一个人住在乡下。爸爸妈妈商量后，决定请爷爷来城里住些日子。瞧，爷爷从火车站里出来了，他一手提着一个大皮箱，一手举着一把旧伞。

我们把爷爷接回了家。

回到家后，妈妈做了丰盛的午餐，我们围坐在餐桌前，爷爷却坐在了爸爸常坐的位置上，可爸爸完全没有在意。不仅如此，爷爷还可以做很多我和妹妹不能做的事，比如，大声地嚼东西，塞得嘴里鼓鼓的，一边吃饭一边说话。这些事，妈妈是不允许出现在我和妹妹身上的。

爷爷去卫生间擤鼻涕的时候，不用卫生纸，他竟然用一只手就能把鼻涕擤出来，我偷偷地试过，却一点也不管用。爷爷戴的是假牙，每天晚上睡前，他都会把假牙泡在玻璃杯的水里。他老了，但是这一点儿也不妨碍我爱他。

爷爷每天早上醒得很早，他醒了之后，我们也很难再睡了，因为他会在房间里走来走去，地板被他踩得咯吱响。一整个白天，他几乎不说话，常常呆立在窗户前，看外边的道路和行人。

妹妹还小，她觉得爷爷看起来很古怪。但我不这么觉得，我是大孩子了，我一点儿也不怕爷爷，我感觉奇怪的是，为什么爷爷总是发呆呢？妈妈跟我解释说，那是爷爷在为奶奶的去世而伤心，但我不那么认为，爷爷一定是不习惯城里的生活吧。

爷爷打哈欠的时候，从来不捂嘴。不过，他会修水龙头。爷爷不喜欢看电视，那会让他的眼睛酸痛，乡下的家里没有电视，爷爷只是偶尔看看报纸。不过，他似乎对我的故事书很感兴趣，晚上会戴上眼镜，给我念书里的故事，他用手一行一行地扫过那些字，念得很慢很慢。

昨天我们去公园边，爷爷看到花丛里的玫瑰花，念叨着该修剪修剪了。妈妈笑着告诉他，有专门的园丁会做那件事。今天早上，爷爷起床后就悄悄出门了，我上洗手间时正好遇到他回来，我轻轻地问他是不是去花园修剪玫瑰了，他不好意思地笑了，与我约定不要把这件事说出去。那是我第一次看见爷爷笑。

爷爷去买东西的时候，不喜欢坐电梯，而是愿意爬楼梯。过马路时，他总是会握紧我的手，我也会握紧他的手，让他感觉不那么害怕。爷爷对城市里的大超市很陌生，他说在乡下，人们都到邻居奶奶家的小店里买东西，小店可比超市小很多很多。

我的玩具车上掉了一个轮子，爷爷很快就为我修好了。爷爷的手比爸爸的手巧多了。

慢慢地，爷爷吃的饭越来越少，说话也更是少得可怜，他也不想去公园了，爸爸与妈妈总是互相对看不说话，这是怎么了呢？

有一天，爷爷收拾好了他的皮箱，皮箱上面放着那把旧伞。吃早点的时候，爸爸对爷爷说："再多住些日子吧。"爷爷不说话，只是摇头。他送给我和妹妹一人一件礼物，我的是农庄模型，妹妹的是布娃娃。爷爷走进厨房，塞给妈妈一叠东西，妈妈一边推给爷爷一边说："不，我们不能要这些钱，您自己留着用吧。"

送爷爷上车的时候，我哭了，我爱爷爷，我真希望他能够留下来。

后来，妹妹把爷爷送她的布娃娃的头发剪了，被爸爸骂了一顿，但妹妹说，她就是喜欢娃娃现在的样子。吃饭的时候，爸爸又坐回了他原来的位置，而妈妈，在厨房里发现了爷爷偷偷留下来的钱。

我常常把农庄模型里的玩具马拿出来玩，唉，在乡下，可是有真的马呢，我忍不住问妈妈："我们什么时候去乡下看望爷爷呢？"

怎样讲好这个故事

♡读图讲故事

如果家长手里有原绘本，就会发现，除去中间的彩页之外，这本书的开端和结尾分别用两个黑白色彩的跨页交代了爷爷来城里之前的生活，以及爷爷从城里回到乡下之后的生活，但是这两个跨页，却没有一个文字来说明，不过，跨页里的每个小图所展示的生活场景都生动传神，辨识度很高。因此，家长在讲这个故事的过程中，可以和孩子一起读图。

一方面，这些乡下生活的场景，会令在城里生活的孩子看到不一样的生活形态，比如，喂马、在院里喂鸡、在两棵树之间牵一根绳当晾衣绳、用木头条做成一个梯子……另一方面，也会有助于孩子理解为什么爷爷在城市里生活得不习惯。

♡生命里需要关怀、宽容与感恩

奶奶去世了，爷爷一个人住在乡下，很孤独。那就把爷爷接到城里来吧，可是，爷爷来到城市就快乐了吗？爷爷每天起来后，在屋里走来走去；跑到公园里去帮助园丁修剪花枝；过大马路时紧张地抓住“我”的手……通过这些细节孩子能明白，其实爷爷很不习惯城里的生活，乡下和城市是不同的，爷爷熟悉乡下，可以自由地走来走去，干些家务活打发时间；但在城里，哪里都是陌生的，人多、车多，生活方式也大不相同，城里有洗衣机、有升降衣架，没有鸡、没有马，爷爷可能不会使用那些“先进”的电器和工具，除了修个水龙头之类的活儿，可能真的没事可做，在吃饭上，可能也不太习惯，所以，他在城里的生活，不见得比乡下的生活好。还有，爷爷的某些行为似乎与妈妈教给我们的有些相悖，比如吃饭发出很大的咀嚼声，打哈欠不捂嘴，用手擤鼻涕……这些，都带着爷爷在乡下生活的印迹，这是属于爷爷的生活习惯，这也是爷爷与城市生活磨合之中出现的小插曲。引导孩子理解，其实孤独的爷爷需要关怀，将感恩、宽容的概念渗透到孩子的理解中，同时感受祖孙之间的亲情与爱。

♡迁移情感经验，请孩子说说自己的家庭

这是一个诠释家庭与亲情的故事，在通读、了解故事的基础上，可以请孩子进行情感迁移，讲一讲自己与爷爷或者家人是如何相处的，自己可以为老人做些什么。引导孩子体验亲人之间的关爱与照顾。另外，如果孩子有绘画的基础或者兴趣，也可以鼓励孩子画一画自己的祖辈生活中的场景，进一步感受“我爱我的××”这一情感。

好故事为什么好

虽然原绘本故事的作者是奥地利人，但故事里描述的情景却和当下很多中国家庭类似。年轻人在城市安家落户，或者是出于照顾下一代的需求，或者是出于照顾老人的考虑，迫使乡下的老人来到城里生活。很多老人和故事里的爷爷一样，不习惯城市的生活，身上有一些属于自己的生活习惯。多数时候，这些习惯不被儿女理解，比如生活过于精打细算，挑剔的媳妇甚至嫌弃老人的一些卫生习惯。不是说要无条件地接纳老人的一切，而是说在家庭中，要给这样的老人多一点儿尊重、多一点儿理解、多一点儿宽容与感恩。老人嘛，把自己的孩子带大，又来帮助子女照顾下一代，本该尽享天伦之乐的时候，还要与陌生的环境和不同的生活习惯及方式磨合，很多时候，我们忘记了，在老人们无私奉献自己的时候，我们应该对老人的内心多一些关怀。

这个故事，可以让年轻的父母看到自己父辈的身影，对老人多一些理解与关爱。而更幼小的下一代也可以体会到故事里小主人公对祖辈的依恋和爱，这样的情感体验会让孩子更好地理解家庭成员之间，尤其是小辈对长辈，要多一些宽容与感恩。

23 尊重自然界中的微小生命

为什么选择这个故事

☆你对蜘蛛的印象是什么呢？先别急着表露出害怕与嫌弃的表情吧，艺术家苏菲，会让你看到一个不一样的蜘蛛呢。

☆用自然界微观事物打开孩子的视野和想象力，引导孩子关注与尊重自然界的微小生命，并且从坚定而感恩的苏菲身上，获得对抗挫折的勇气。

《苏菲的杰作》

苏菲是一只蜘蛛，不过，她可是个艺术家型的蜘蛛！她能织出很多奇妙的网，有心形的，有船帆形状的，有太阳花形状的，还有吊床形状的……

她的作品令朋友们赞叹不已，妈妈也为她感到骄傲，大家一致认为，苏菲将来会织出无与伦比的杰作。

苏菲一天天地长大，独立生活的时候来到了，她带着行李搬到了一个出租公寓的大厅里，这儿真是冷清啊，四面都是大绿墙，地毯褪色了，显得旧旧的，再加上同样陈旧的窗帘，整个大厅毫无生气，苏菲觉得自己大显身手的时候到了，她要为这里织一个新窗帘。

她每天努力地织啊织，阳光洒下来，金灿灿的，她把它糅进了丝里，很快，窗户那儿就飘上了闪光的窗帘。不过，房东太太似乎并不喜欢这个窗帘，也并不喜欢苏菲，她可不允许她的客厅里有蜘蛛网之类的东西，她抄起一块抹布向苏菲扔去。苏菲初来乍到，被凶恶的房东太太吓到了，她爬呀爬，爬到另一面墙上，爬上楼梯，逃进了船长的衣橱里。

船长的衣橱一片灰色，他的衬衫、长裤、毛衣都是灰色的。苏菲想着，这位船长应该需要一件明亮的衣服，不然，就为他织一件天蓝色的衣服吧。她每天辛苦地织啊织，刚把一只袖子和领子织好后，被船长看见了，他一边尖叫着“蜘蛛”，一边害怕地爬到屋顶上。苏菲可不想有人为了躲避她而送命，于是离开了衣橱，爬过走廊，来到了一个厨师的拖鞋里。那真是一只又脏又破的拖鞋啊。苏菲决定先喘口气，然后帮厨师织一双新拖鞋。谁知，她还没在拖鞋里站稳，就被狠狠地甩了出去。那个厨师气冲冲地骂道：“走开，你这个又恶心又丑的臭蜘蛛！”

走到哪里都不受欢迎，苏菲伤心透了，她爬起来，漫无目的地走着，爬过漫长的、陡峭的楼梯，来到三楼一个年轻女人的房间里，苏菲累极了，她爬进一个装毛线的篮子里，沉沉睡去。

好几年过去了，苏菲也老了，她没有那么多力气了，只能为自己织一点儿小东西，枕头套啊，袜子啊，大部分时间也都在睡觉。

有一天，苏菲觉察到，那个女人发现了自己，苏菲很无助、很害怕，她再也没有力气搬家了，如果这个女人要赶她走的话，她真不知道该如何是好。意想不到的是，这个女人并没有像房东太太那样拿抹布扔她，也没有像船长那样逃到屋顶上去，更没有骂苏菲又恶心又臭。她在对着苏菲微笑，然后，若无其事地拿起棒针开始织毛线。苏菲认得出来，她在织婴儿的小袜子，原来，她快要有小宝宝了。织完小袜子后，女人又织了一件小衣服，然后，毛线用光了。

这个女人没有钱了，不能为将要出生的小宝宝织小毯子了。房东太太告诉她，储藏室里有很多旧被子可以用。苏菲见过那些破破烂烂的旧被子，刚出生的小宝宝怎么能盖那个呢？苏菲想，她必须要给这个小宝宝织一条毯子。可是，年轻的时候，这件事或许还能做到，现在，她真是有点力不从心呢，况且，小宝宝马上就要出生了，还来得及吗？苏菲爬到窗台上，看见皎洁的月光照进来，她决定了，她要织，并且要把月光织进去，把星光织进去。

苏菲开始不停地织，什么都放进去：夜晚的景色，古老的、好听的摇篮曲，天上飘下来的雪花……苏菲都织进去了，她忘记了吃饭，忘记了睡觉，一直织一直织，疲倦却坚定。织到毯子的最后一角时，小宝宝的哭声传来，苏菲竭尽全力，把自己的心也织了进去。

那个晚上，年轻女人正打算去储藏室拿旧被子，突然发现窗台上有东西，那是一条美丽、柔软的小毯子，她惊喜地拿起来，盖在了宝宝的身上。那是苏菲留在世界上的最后一件作品，一件无与伦比的杰作。

怎样讲好这个故事

♡用自然界微观事物打开孩子的视野和想象力

在日常生活中，蜘蛛并不是什么讨喜的生物，黑黑的，有着密密麻麻的脚，大多数人们对它的态度正如故事里的房东太太、船长、厨师的态度一样，认为它丑、恶心，可以说是嫌弃与害怕的情绪并存。虽然，苏菲改变不了自己属于蜘蛛家族的事实，但她却有一颗隐忍与善良的心，而也正是这些品质，开始让读者对于蜘蛛的看法有一些改观，让读者得以重新审视这样一种生物。

苏菲并不是一只普通的蜘蛛呢，它是一个艺术家，她织的网很奇妙，各种各样的形状，洋溢着对美好的热爱与追求。虽然在安家的过程中屡遭唾弃，但始终隐忍，直到遇到一位并无恶意、能与她和平共处的孕妇，感恩的蜘蛛拼尽全力，用尽了生命的最后一点力气，为小婴儿织了一条小毯子，这条小毯子里，织进了阳光、星光、摇篮曲、雪花……以及苏菲的心。

引导孩子感受富于想象力的故事情节，感受苏菲把单调的生活艺术化的热情与能量，启发孩子发挥想象力：孩子认为的窗帘、袖子、小毯子都是什么样的呢？同样，用苏菲的故事对孩子进行一下生命教育，引导孩子去尊重和关注自然界中的微小事物。

♡抗挫教育与心理救助

请孩子想一想，为什么苏菲拼尽老命，一定要为婴儿织一条小毯子呢?

一切都源于感恩的心态，在经历被嫌弃、驱赶的命运之后，弱小的苏菲被怀孕的女人收留，女人的微笑一定令一路奔逃的苏菲感动不已，所以，在得知她没有钱为即将出生的宝宝织一条小毯子时，苏菲开始了一项疲倦又坚定的工作。她已年老，那样竭尽全力地织毯，搏的是自己的生命，她用生命完成了最后一件杰作。

这个有点儿悲伤的结局虽然可能会令孩子们有些难过，但苏菲对于美的追求以及坚强、隐忍、感恩的品质，也会令孩子们记忆深刻。所以，这个故事可以从抗挫折、心理救助的角度来讲一讲，引导孩子从苏菲身上获得对抗挫折的信心和力量。

好故事为什么好

一个艺术家蜘蛛，用无限的热情去装点枯燥的生活，好让生活多一些美丽与色彩。她织出的网形状各异，除此之外，她还会织窗帘、织衣服、织毯子，并且可以把很多点子织进去，比如，阳光可以织进网里，月光、歌谣……都可以织进去。哇，能想象得出来吗?

可是，不管她是多么与人友善，却终因天生的面貌遭人驱赶与嫌弃。那些赶她的人就是面目慈善、姣好的人吗？如果有原绘本，就能发现，无论是房东太太，还是船长、厨师，远远没有想象中和善。可是他们，为什么就可以理直气壮地嫌弃蜘蛛呢?

这个故事，可以改变孩子对蜘蛛，或者自然界中其他的微小生物的看法，这些生命，只是因为人们所定义的“丑陋”，就该被敌视，甚至被剥夺生命吗?

除此之外，苏菲身上显示出的对待挫折与感恩回报的品质，也将对孩子产生积极向上的影响。

24 爱的力量无坚不摧

为什么选择这个故事

☆爷爷扶着孙子学走路，慈爱地说着“先左脚，再右脚”。孙子长大了，爷爷却长卧病榻，孙子小心翼翼地让爷爷扶住自己的双肩，说“先左脚，再右脚”……一个关于老年关怀和生命认知的故事。

☆体会故事中感人至深的祖孙情，引导孩子学会关爱老人。

《先左脚，再右脚》

小婴儿巴比出世了，他的名字是根据爷爷的名字取的，爷爷叫巴柏。他说，每个小婴孩要到3岁时才懂得称呼是什么，所以他让巴比直呼他的姓名。巴比学会的第一个词就是“巴柏”。

巴比慢慢地长大了，在学走路的时候，爷爷拉着他的手，告诉他，“先左脚，再右脚”。巴比再长大一些的时候，祖孙俩最爱做的事变成了玩积木。那是一盒很旧的木头积木，有30块，祖孙俩把积木一块一块地堆起来，堆得很高很高，有时候，堆到一半，积木塔就倒了。有时候，29块积木都堆起来了，巴比称最后一块积木为“大象积木”，祖孙俩小心地把这块积木放到顶端，然后，爷爷巴柏会对着高塔打一个大喷嚏，随着高塔啪嗒一下倒地，巴比会乐得哈哈大笑，大象每次都会害得爷爷打喷嚏哦。

玩完积木游戏后，巴柏会把巴比放在腿上，给他讲故事。巴比会要求爷爷讲小时候教他走路的故事。爷爷慈爱地说：“你小时候呀，站不太稳，我就拉着你的胳膊，让你先迈左脚，再迈右脚，没多久，你就会走路啦。”

很快，巴比5岁的生日到了。巴柏陪着他，坐云霄飞车、吃汉堡、吃冰激凌、拍照、唱歌，度过了愉快的一天。晚上，他们还一起看了一场烟火，回家的路上，巴比又缠着爷爷讲他小时候学走路的事。

没过多久，爷爷病倒了，很严重。爸爸告诉巴比，爷爷中风住院了。巴比要去医院看爷爷，但是妈妈说，爷爷现在手脚都动不了了，也无法说话，他现在不能见任何人，他认不认得人还是未知数，所以，得耐心等待爷爷好起来。

爷爷住院的日子里，巴比吃不下，睡不好，几个月过去了，爷爷还是没出院，巴比非常想念他。终于有一天，爸爸告诉巴比，爷爷要回家了，不过，他的病还没有痊愈，不能讲话，不能动，也不认识人。他特别叮嘱巴比，如果爷爷认不出他，请他不要害怕。

可是，巴比怎么能不害怕呢。巴柏每天都躺在床上，完全不认得他了。有时候，爸爸会把爷爷抱到沙发上，但是爷爷仍然一动不动，也不说话。有一天，爷爷好像要同巴比说话，但嘴里却发出含糊不清的声音，巴比立刻冲进厨房，跟妈妈说，爷爷说起话来像怪兽。妈妈告诉巴比，爷爷无法控制自己，所以才发出那样的声音。

巴比又走回爷爷身边，看到爷爷的脸上有一滴眼泪。是自己惹爷爷伤心了吗？巴比很难过，他跟爷爷说："巴柏，对不起，我不是故意的，你还认得我吗？"

巴比清楚地看到，巴柏的眼睛眨了一下。巴比大声告诉妈妈，爷爷还认得他。妈妈心酸极了，低沉地说："巴比，爷爷现在不认得任何人。"

巴比不信，他翻出了那盒旧积木，来到爷爷身边。巴柏脸上露出了浅浅的笑意。巴比开始一块一块地堆积木，只剩下最后一块的时候，他提醒爷爷："现在，我要放大象积木了哦。"这时候，巴柏的喉咙里发出奇怪的声音。在巴比听来，那好像是打喷嚏的声音。积木倒下来的时候，巴柏的手指头动了起来，巴比一边哈哈大笑，一边坚信，爷爷一定会好起来。

果不其然，巴柏慢慢可以讲点话了，虽然有些含糊，但"巴比"两个字却讲得清清楚楚。而且，除了讲话，巴柏的双手也能动了，慢慢自己会拿汤匙了，不过，还是不会走路。

天气暖和的时候，爸爸把爷爷放在草地的椅子上，巴比坐在爷爷旁边。这时候，爷爷就会跟巴比说："巴比，故事。"巴比就像个小大人一样，给爷爷讲故事。没过多久，巴柏可以慢慢站起来了，并且发出三个单字："你、我、走。"巴比懂得爷爷的意思，于是站在爷爷面前，这样，巴柏就可以扶住小孙子的肩膀，站得稳当一些。巴比"指挥"着爷爷，先迈左脚，再迈右脚，巴柏慢慢地移动着。过了一段日子，巴柏能扶着巴比走好长一段路了，他说话也越来越有好转。

巴比6岁生日的时候，他又拿出了旧积木，堆得高高的，拿着剩下的最后一块跟巴柏说："大象积木哦。"然后，巴柏就打了一个大喷嚏。

就像回到从前一样，巴比说："嘿，巴柏，大象又害你打喷嚏了。"之后，爷爷说："巴比，讲一讲你怎么教巴柏走路的故事吧。"

先左脚，再右脚……

怎样讲好这个故事

♡讲故事的时候，避开敏感的老人

故事里的爷爷中风了，全身动弹不得，深受疾病的困扰。讲这个故事的时候，需要注意一下，现实中很多老人，会比较避讳疾病与意外事件，或者死亡的话题。讲这个故事的时候，如果身旁有老人在场，会令他们感到不舒服，所以，最好选择老人不在的时间给孩子讲。

♡体会浓浓的亲情，感受精神的伟大力量

孙子小的时候，爷爷慈爱地教他走路，陪他玩积木。孙子渐渐长大，爷爷却中风入院，卧病在床，几乎不认人了。疾病犹如洪水猛兽，爸爸妈妈跟巴比解释，疾病让爷爷丧失了说话、辨认的能力。但小小的巴比不相

信，他又如何能相信，陪他快乐玩耍的爷爷，那么爱他的爷爷，会不认得他？成人宣布放弃的时候，巴比却坚持认为，爷爷会好起来。他拿出两人玩的积木，与爷爷进行心灵的沟通。奇迹出现了，爷爷可以说话了，爷爷甚至能扶着巴比的肩膀走一段路了——引导大一点儿的孩子明白，这是精神的力量，这是爱的力量在创造奇迹。

引导孩子感受祖孙之间浓浓的亲情，请孩子想一想，人的年纪大了，身体会变差，行动会越来越不方便，还有可能会得病，需要亲人的关心和帮助，你能怎样帮助爷爷奶奶，关心爷爷奶奶呢？能为他们做些什么力所能及的事呢？

好故事为什么好

一个是慈爱无比的爷爷，一个是天真无邪的孙子。曾经，慈爱的爷爷耐心地教孙子学走路。斗转星移，孙子长大，爷爷却中风卧床，不认得人了，父母和医生都放弃了希望，但小孙子却坚持认为，爷爷会好起来、会站起来。在那样一份天然的爱与天然的心灵沟通之下，奇迹出现了，5岁的孙子勇敢地站在爷爷面前，把自己幼小的肩膀借给爷爷，稚嫩地学着爷爷当年的口气："先左脚，再右脚。"

"先左脚，再右脚"，简单的六个字，当年被爷爷说出口的时候，是温馨感人的。但被小孙子说出口的时候，却几乎是令人感动得想流泪。面对那份真情，我们都输了，不是吗？我们输给了一个才5岁的孩子，输给了那样一份天然而坚定的爱。成人放弃的希望与孩子创造的奇迹一对比，汗颜的是谁呢?

说起老年关怀，说起对生命的敬畏与尊重，我们每个人都应该向巴比学习。他用本能的爱与坚持教会成人，更教会孩子如何去面对需要帮助的、行动不便的老人。他们需要日常照顾，更需要坚定的爱。

25 爱让人更勇敢

为什么选择这个故事

☆强强与爸爸相依为命，爸爸出海遭遇了危险，灵魂被拍进了海底，要如何救爸爸呢？强强与月亮的营救行动开始了……

☆感受优美的想象力，体会由爱而生的勇气和坚定。

《强强的月亮》

海边有一座山，山腰上有一所坚固的小房子，强强和爸爸住在里面。白天的时候，爸爸会和强强光脚坐在大石头上，看浪花拍来拍去，快乐地聊天。强强最喜欢依偎在爸爸的身边，听爸爸讲一些冒险的故事。

一到晚上，爸爸就要驾驶着小船去捕鱼，他们靠打鱼为生，所以，每天晚上，强强都要一个人待在家里。不过，他并不害怕，因为每晚，月亮会爬到强强房间的窗户那儿，陪伴着他。不过，今天晚上很不妙，海上刮起了暴风。暴风掀起巨大的波浪，把爸爸的渔船快打翻了，爸爸在一个浪头的强烈冲击下，灵魂跑出了身体，沉到了海底深处。爸爸苦苦地挣扎着，直到第二天早上才把小船拖上岸。不过，他整个人却没了精神，面色苍白地回到了家中。

强强也一晚上没睡，因为暴风的原因，月亮没有出来，他感到很害怕。好不容易等到爸爸归来，却是一副病了的样子，强强为爸爸盖上被子，爸爸浑身冰凉，直直地躺在床上，眼睛紧闭，这让强强很担心。

三天过去了，天气终于放晴，晚上的时候，月亮终于又来到强强家，爸爸已经昏迷了三天，怎么办呢？强强流着泪向月亮求助。月亮鼓励他说：“孩子，我们必须把你爸爸的灵魂找回来，不过，你一定要勇敢一些才行。”

月亮带领着强强来到山顶，那有一个水手墓园，墓园里有一棵高大的柏树。晚上的墓园，散发出阴森的气息，这让强强感到恐惧，但他必须要爬上柏树。他勇敢地爬啊爬，而同时，月亮也在慢慢地下降，在强强爬到柏树顶端的时候，月亮也正好降落在那里，强强一伸手抱住了月亮，装进了自己的篮子里，瞬间，整个墓园立刻变得很明亮了，强强也不再那么害怕了。

借助月亮的光线，强强快速地跑着，他必须在太阳出来之前，找到爸爸的灵魂，这样，爸爸才能得救。路上的石头常年被大海冲刷，坚硬锋利，强强踩在上面，脚硌得生疼。海鸥也来添乱，对着强强大声尖叫，不过，有月亮的陪伴，强强一点儿也不害怕。

很快，月亮和强强来到大海边。这时候，天也快要亮了。强强与月亮不敢耽误，立刻跳进了海里，他们游啊游，在海里找到一个黑洞，那里面住着一条章鱼，爸爸的灵魂被这条章鱼卷在了怀里。

章鱼把月亮当成了银色的大泡泡，很感兴趣，忍不住伸出触角去抓月亮，爸爸的灵魂从它怀里掉了出来。月亮的光越来越强，照得章鱼头晕目眩，趁着这个时机，强强把爸爸的灵魂抢过来，抱在怀里，和月亮逃出了海底。

强强捧着爸爸的灵魂，一路跑回了家，月亮帮强强照亮道路的同时，也慢慢地飘向云端。

爸爸的灵魂终于回到了他的身上，他渐渐恢复了健康。

天上的月亮在微笑，那可是强强的月亮呢。

怎样讲好这个故事

♡主题敏感，家长要做好孩子“刁钻”提问的准备

强强和爸爸生活在一起，爸爸以打鱼为生，但在一次出海时，灵魂被海浪拍打出身体。灵魂是什么，强强的妈妈呢，妈妈去了哪里，什么是“死”……也许才讲了故事的开端，孩子就抛出一连串的问题，灵魂、单亲、死亡这些词汇，如果孩子问起，该怎么样跟孩子解释呢？所以，家长要根据自家孩子的认知力和理解力，有针对性地做一些功课，如何形象化地解释灵魂和死亡的概念，如何巧妙地让孩子理解，要看各位家长的智慧了。

一般来说，死亡是儿童文学难以触碰的话题。原绘本故事的作者在这个话题上有所保留，她用灵肉分离这一概念和意象向孩子们解释了死亡，比单纯提出“死亡”的概念更能让孩子理解与接受。

♡共同感受天马行空的想象力

海浪能把人的灵魂拍出身体吗？月亮能被摘下来放在篮子里吗？灵魂还能回到人的身体里吗？这些充满想象力的情节，符合孩子的思维方式。想象力是孩子与生俱来的天赋，原绘本故事的作者卡门凡佐尔创作了两百多册图画书，她认为，孩子具有天生的美感和想象力，没有任何束缚想象力的偏见。所以，这些在成人看来比较“荒诞”的想象力，在孩子看来却是有趣的。

毕加索曾经说过：“每个孩子都是艺术家，如何持续才是挑战。”现实的家庭教育和学校教育，一直在教孩子寻找标准答案，这束缚了他们独立的思想，想象力带来的创造和乐趣也随之泯灭，所以，这个具有丰富想象力的故事除了让孩子感受故事的跌宕起伏之外，是不是也可以给家长一些思考呢？孩子的想象力就像是一方沃土，少给孩子一些人为的干扰，多给孩子一些自由发挥吧！孩子的想象力需要父母的精心呵护和滋养。

♡心中有爱，就会迸发出勇气与力量

爸爸和强强相依为命，可是因为海上风暴，爸爸的灵魂落入了海底一只章鱼的手中，因此重病在床，危在旦夕。这时候，强强勇敢地站了出来，在月亮的指引下，走进阴森的墓地，穿过锋利坚硬的石块路，跳进了深海里，在月亮的帮助下，救出爸爸的灵魂，让爸爸得以康复。

请孩子评价一下强强，问问孩子是什么力量在支撑着强强。

是爱，是强强对爸爸的爱，让他更有勇气。在爸爸遇到危难、强强孤立无援的时候，他能向月亮请求帮助，也是一个可发挥的“点”。遇到棘手的问题时，积极地想办法，比闷头苦恼与哭泣更有用。强强那么小，最后在月亮的帮助下，不也做了一件了不起的事吗？

好故事为什么好

在我国古代神话故事里，月亮是一个美丽而神秘的存在，很多人在小时候听过《嫦娥奔月》的故事，对于桂树、玉兔、仙子这些本来就没有的东西念念不忘，是美丽的想象带来了趣味与快乐。

《强强的月亮》也是一个关于月亮的故事，除了优美的想象之外，它还透着深深的爱与一往无前的勇气与坚定。在这个故事里，月亮是一个施助者，它就像一个大朋友一样，告诉强强要勇敢，并且从天上降落，与强强一起跳进海里去营救爸爸的灵魂。你能想象吗？月亮还能被摘下来，参与救人行动。这是一个很仗义、很强大的月亮呢！同时令人感动的还有那个小男孩强强，鼓足勇气走进阴森的墓地里，奔跑在坚硬锋利的石头路上，勇敢地跳进海里，只因心中那满满的对爸爸的爱。

心中有爱，就会迸发出无上的勇气与力量。

26 懂得"失去"，也要看到希望

为什么选择这个故事

☆一棵有着四百多年历史的大橡树被人投毒，慢慢枯萎死去……保护自然，保护环境刻不容缓！

☆培养孩子的环保意识；通过故事理解何谓"失去"，让孩子懂得珍惜，直面"失去"，满怀希望，寻找出路。

《艾莉丝的树》

在离我们家不远的一片草地上，有一棵老橡树。据说，老橡树都四百多岁啦，它长得又粗又壮，枝繁叶茂。妈妈经常带着我和我们家牧羊犬去树下玩儿，我们会带着吃的和喝的，在树下铺一块垫子躺着，惬意得很。妈妈会给牧羊犬喂一些饼干，我会捡一些橡树的果实。有时候，妈妈会给我讲故事，我也会问一些关于爸爸妈妈以前的事，比如，他们是怎么发现这棵橡树的，一定是来这儿野餐过吧。妈妈说，她和爸爸特别喜欢这棵橡树，恰好来这儿的时候，他们发现这儿的房子和地要卖，然后就毫不犹豫地出手了，之后就一直居住在这里。

妈妈还说，我在这棵树下接受洗礼的时候，有只小鸟在牧师头上拉了屁屁。还有，邻居麦太太曾在自己的帽子上插了一些花，结果引来了蜜蜂。这些有趣的事儿说起来，我们都会哈哈大笑。

偶尔，从城里来的人会停在这棵树下野餐。爸爸说，这棵树不是专属于我们的，所以，不能独占着。我们很乐意和别人一起，在树下休息、享受。

今天，我像往常一样躺在树底下的草地上，看着阳光从树的缝隙里透过来。妈妈和狗狗在睡觉。我听见树叶哗哗作响，它们仿佛是在呼唤我的名字。我还看到树上有一只蜘蛛和一只猫头鹰。我翻了个身，鼻子挨到草地的一瞬间，我忽然闻到一股奇怪的味道，不是平时青草的味道呢。

我把妈妈摇醒，告诉她这件事。现在，不仅是草的味道奇怪，颜色也很奇怪呢。妈妈猜想可能是天气太热了。我感觉很不好，又把爸爸叫过来看，爸爸说晚上会下雨，小草们喝饱了水，也许会恢复成原样了呢。

可是，下过雨之后，草地并没有得到改善，反而是开始成片成片地枯黄，橡树周围的青草都枯死后，橡树的叶子开始掉落，现在是春天啊，叶子怎么会变得又枯又干呢？爸爸仔细地看了看，应该是有人在树底下撒了什么东西，不过，到底撒了什么，得需要树医生来做个鉴定。树医生采集了树底下的一些泥土，拿回去检验了。

4天之后，那棵树中毒了。妈妈很愤怒，她无法理解，谁会去给一棵树投毒。爸爸猜想，也许是有人不小心把化学原料倒在了树那儿，只为图一时的方便。

很快，老橡树面临危机的情况上了报纸。我和爸爸妈妈开始试图把老橡树树干附近的毒土挖出来，换上干净的土，麦太太一家也加入了我们的队伍中。消防队也派来了水车，为橡树仅存的叶子浇水，为掉光叶子的树枝包上布，防止被太阳晒伤。好心的詹太太还借来了一些长杆子，与别人一起将杆子竖起，包围住橡树，把巨大的遮光网挂在上面，保护整棵树不被太阳晒坏，我们都希望橡树能够好起来。

但是，我们的努力没能挽救老橡树，它的叶子持续地掉下来，树医生甚至宣布，橡树快撑不下去了。所有的人都接受不了这个现实，有人在树上绑了红围巾，有人写了慰问卡，有人把心形气球挂在树枝上，大家盼望着奇迹出现。可是，橡树的叶子还是一直掉，慢慢地，小鸟、松鼠、鹿都离开了这里，我伤心地问爸爸："大树是不是快死了，为什么小动物们都走掉了呢？"

爸爸安慰我，也许是周围的嘈杂声吓走了小动物。我愿意相信爸爸的话，但是，我心里很害怕。有天晚上，我心情很差，就走到爸爸妈妈的房间，想和他们说说话，走到门口，我发现门没关好，妈妈在小声地哭泣，她觉得大橡树不应该这样就死掉了，怎么会有那么坏的人，去做那样的事呢？爸爸安慰妈妈："也许那些人不是故意的呢，有时候，我们不是故意要残害那些美丽的生命的，但，我们那样做了。"

我回到自己的房间，感觉到心里很痛，我不能想象大树会离开我们，我以为它会一直在那里的。月光洒进了我的屋里，我朝窗台那儿看去，发现了一个装橡树果实的罐子。那儿的果实，是橡树还很健康的时候我采的呢，我突然想到一个好主意。

早晨天刚亮，我拿起小铲子，和牧羊犬一起，朝着橡树飞奔而去，树放弃了，很多人放弃了，可我还想试一试，也许可以呢。牧羊犬用它敏锐的鼻子帮我测定了安全的草地范围，我们一起挖了小土沟，把橡树果实放了进去。我相信，它会生根发芽，长成一棵树，长成一棵大树。

我和牧羊犬转身走掉的时候，我又听见橡树的叶子哗哗地响，奇怪的是，它都没有多少叶子了，但我依然听见，它在呼唤我的名字。

怎样讲好这个故事

♡培养孩子的环保意识

一棵经历了四百多年风雨依然粗壮健康的大橡树，却在一夜之间中毒病发，不停地掉叶子，树医生宣布“树撑不下去了”——人类对于自然的破坏，这才只是冰山一角。

无节制地伐木、捕猎、排放工业尾气……当新闻消息里称“雾霾”天气将成为常态时，人们是不是应该反省一下，我们对自然的掠夺与破坏，究竟到了怎样不堪的地步？

世界卫生组织调查发现：全球每年有10万人因空气污染而死于哮喘病，其中35%为儿童。你被这个数据震惊了吗？世界卫生组织曾经发出警告：越来越多的儿童疾病与空气、水和泥土中的有害化学物质有关。

所以，在环保方面一直缺位的家庭教育，是不是早该提上日程？保护环境，是我们每个人的责任。保护环境，就是保护孩子、保护未来。让孩子从小树立环保意识，是每个家长义不容辞的责任。

这个故事，从一棵老橡树说起，引导孩子体会小主人公一家对于老橡树的感情，把环保的概念渗透进去，对孩子进行环保教育，引导孩子从身边的小事做起。比如，节约每一张纸；节约用水；尽可能少用或不用塑料袋；垃圾分类……当然，家长首先要以身作则。

培养孩子的环保意识是家庭教育的一个重要组成部分，这是在保护自然，也是在保护孩子，保护未来。

♡直面“失去”，从悲伤里寻找出路

创作这个绘本故事的时候，作者邦廷曾说：“看见失去，才懂得珍惜。”这的确是一个令人感到悲伤的故事，很多人为挽救大橡树作出努力，为它祈福，可最后，它还是死去了。“死亡”一直是邦廷着墨较多并关切的主题，他曾经创作的《爷爷的墙》，讲述的是战争与生命；《开往远方的列车》讲述的是孤儿被不同家庭认养，或被当作潜在劳力使用，或获得幸福的不同命运的故事。虽然，她的故事多是以“死亡”为背景或者主线，但每个故事中都可以启迪读者看到生命的意义，看到勇气和希望。

在这个故事中，作者毫不隐讳地让孩子看到了大橡树一步一步走向死亡的过程，这对于孩子来说有些残酷，但是，故事里的小主人公却在最后做了一件充满希望的事：他把橡树的种子埋进了健康的泥土里，这些种子将会生根发芽，长成参天大树——从这个角度来说，当“失去”不可避免地到来时，要勇于面对，更重要的是，在悲伤中不放弃希望，努力寻找出路。这也是邦廷创作这个绘本故事的意义之一吧。引导孩子感受故事里的“死亡”与“失去”，从小主公身上看到希望与寻找出路的勇气。

好故事为什么好

很多家长忌讳与孩子谈“失去”或者“死亡”这种敏感且负面的话题，总是觉得孩子太小，无法理解或者无力接受那样的残酷现实。一向喜欢着墨于“死亡”主题的绘本故事创作者邦廷却认为，每个孩子都应该学会面对生命中的挫折和困境，死亡更是不能避之不谈的事情，因为“这就是人生”。

不过，如果有些家长不同意这样的观点也不要紧，邦廷创作的故事，并没有赤裸裸地展示死亡让孩子们恐惧的一面，而是侧重于角色在面对“失去”与“死亡”时的情感与生命中迸发的希望。所以，家长大可不必对这个故事有所顾虑。这是一个关于“失去”的故事，更是一个在悲伤中埋下希望的故事。

一棵有着四百多年生命的老橡树，毁于一个也许是非故意的动作。如果那个倒放化学原料的人爱护自然，了解一棵老树与一家人建立的宝贵情感，那么他还会那样做吗？爸爸说：“有时候，我们不是故意要残害那些美丽的生命的，但，我们那样做了。”看这个故事的每个人，都会去谴责那个倒化学原料的“坏人”，当然，必须要谴责他，可我们现实中的每个人，就没有像这个“坏人”一样，做过破坏自然的事吗？未必吧。作为家长，我们有没有对孩子进行保护自然的家庭教育呢？

27 幸福，只要相信就会看见

为什么选择这个故事

☆庞大繁荣的三叶草家族安静地栖息在原野上，一株四叶草的出现打破了家族的平静，在这株小小的四叶草身上，会发生什么奇迹呢？

☆相信幸运，就会一切好运。相信——积极地对待生活，告别抱怨，从我做起，收获幸福。

《孩子，你的名字叫幸福》

有一个庞大繁荣的三叶草家族，他们安静地栖息在原野上。有一天，一株小小的长着4片叶子的三叶草冒了出来。三叶草妈妈高兴地跟三叶草爸爸说："瞧，我们的孩子有4片叶子。"是的，4片！三叶草爸爸也很高兴："4片叶子好哇，那可是幸福与好运的象征呢。"

听到三叶草爸爸这样说，旁边一个叫哈德的三叶草发出嘲笑的声音，"什么好运？纯属白日梦。"胖胖的爱发牢骚的哈德觉得，无论是3片叶子还是4片叶子，根本没有什么区别。

三叶草爸爸跟哈德说："有区别吧，一般来说，4片叶子的三叶草就是很有福气呢。"

哈德几乎要跳了起来："我说是白日梦就是白日梦，只不过多长了一片叶子，哪来的什么幸福，纯粹是爱显摆。"

三叶草家族里最年长、广受尊重的莉卡奶奶听见争吵，生气地出面制止："别争了，是不是幸运马上就知道了。"说完，她弯下腰身。一头母牛过来了，三叶草们面临着危险。

所有的三叶草都像莉卡奶奶一样弯下腰，只有小四叶草没有这样做，因为他并不知道，母牛是什么。倒是母牛看到这个不一样的三叶草，竟然惊奇地发出哞哞的叫声，多么漂亮的三叶草呀，母牛可从来没见过长4片叶子的三叶草呢，她伸出大舌头，朝着小四叶草的方向低下头去……等一等，母牛你要做什么？

母牛温柔地舔了舔没有弯腰的小四叶草，然后，转过头去，吃掉了旁边一棵长着厚厚叶子的三叶草，然后，母牛看似非常满意地跑开了。

三叶草爸爸高兴地直起腰，说："瞧，母牛走了，我们都还没怎么着呢，哈德，怎么样？如果你相信幸运，那么，一切就都会好运呢。喂，哈德？哈德呢？"

所有的三叶草都循声望去，哈德不见了，它成了老牛嘴里的美餐。

怎样讲好这个故事

♡幸福，取决于态度

这是一个寓言式的小故事，三叶草大家族里添了一株四叶草，小四叶草的爸爸妈妈直呼幸运，唯有抱怨鬼哈德觉得，不过就是比平常的三叶草多了一片叶子而已，无关幸运。于是，掀起了一场有关“幸运”的争论。而来验证幸运与否的是一头老牛。所有的三叶草见到老牛，都弯下腰保命，四叶草却没有，因为他还不知道老牛是“天敌”，结果，令人难以置信的事情发生了，老牛舔了舔四叶草，惊讶于他的美丽和与众不同，然后，转头把哈德吃掉了。这个小小的故事似乎隐隐告诉我们一些东西，哈德不相信好运，最终成了老牛嘴里的美餐，他对生活的态度也恰恰造就了他的命运与人生。

相信幸运，就会一切好运。这样的隐喻，对于孩子来说，可能不太容易理解。但是，家长可以把“相信”的概念渗透到孩子的意识中，而相信，也代表着一种积极的态度，这是一种与故事中哈德的“抱怨”截然不同的态度。引导孩子去理解，当我们积极乐观地去面对生活时，我们就会收获幸福。如果我们总是抱怨，很有可能让生活陷入处处不如意的境地。

用深入浅出的语言帮助孩子理解，一个人的生活态度决定他是否幸福。

好故事为什么好

传说，在一万株三叶草里，才会有一颗象征着幸福与幸运的四叶草。你相信吗？

亚洲积极心理研究院首席讲师汪冰博士说：“积极心理学的研究已经证明，环境对我们的总体幸福感只有10%的影响，而我们的主观能动性对幸福感的影响则远远超过了环境。”

现实中的很多人都如哈德一样，丧失了对新生事物的兴趣与关注，他们对所有的事都失去了热情，不仅如此，抱怨还成了生活的常态，工作不如意，生活不如意，都归于外部环境，而从来没有想过，自己对待生活的态度是不是出现了偏差。

这则小故事，或者说这则小寓言，用看似不可思议的结局隐喻了生活态度之于幸福的关键。故事中的哈德，尖酸刻薄，失去了感知惊奇与幸福的能力，失去了发现的热情，除了抱怨还是抱怨，你很难从这个胖胖的三叶草身上看到什么令人舒服的特质，这样的三叶草，你会相信他能获得幸福吗？一定不会。

不停抱怨的成人，这个故事可以给你一些启示吗？如果你都没有积极的生活态度和获取幸福的能力，那么，你又如何向孩子传递幸福的意义呢？

28 从一场历险中领略勇气与智慧

为什么选择这个故事

☆小兔子万娅迷路了，他先后遇到了狐狸、狼、熊、强盗……在这些强大对手的包围下，他用勇气与智慧，开辟了一条生路。他是怎么做到的呢？一起去看吧！

☆一个富有张力的冒险故事，教孩子提高安全意识以及用勇气和智慧去应对困境。

《万娅和野兽》

小兔子万娅自己出去玩儿了，路上的东西可真新鲜呀，小兔子看都看不够，走啊走，玩儿啊玩儿。可是，万娅找不到回家的路了。怎么办啊？

万娅只好找别的小动物去问路，这时候，迎面来了一只狐狸，万娅很害怕，爸爸妈妈早就告诉过他，一定要小心狐狸。他来不及逃跑了，只好硬着头皮上前跟狐狸打招呼：“你好，我想问你一下，你知道我的家在哪儿吗？”

狐狸一看见万娅，眼珠子就转个不停，不怀好意地说：“你的家……我很想知道在哪里，你是一个人住还是……”万娅告诉狐狸，他的家族可大了，除了爸爸妈妈、叔叔婶婶、爷爷奶奶之外，还有九十多个兄弟姐妹。

哇，这么多兔子啊，狐狸的口水都要流出来了，现在，他满脑子都是烤兔子。他迫不及待地跟万娅说：“我帮你找回家的路。”正说着，一只狼出现了，狼看见兔子，立刻想扑上来吃掉他。狐狸赶紧拦下：“等等，这只小兔迷路了，我们要帮助他找到家，他的家里，还有好多兄弟姐妹在等着他呢。”狐狸一边向狼使眼色，一边对万娅说：“小兔子，你快点儿想想，你的家怎么走回去呢？”狼明白了狐狸的意思，就这样，万娅走在最前面，狐狸和狼紧随其后。万娅现在害怕极了，不过，幸好没被狐狸和狼看出来。

走着走着，又碰到一只熊，熊看见兔子，就想占为己有，狐狸又假模假样地把跟狼说的话，跟熊说了一遍，这下子，有三只动物“陪着”兔子找家了。

万娅暗想，这么多“对手”，我恐怕跑都跑不掉了，不过，要是能把他们甩远一点儿就好了。这时候，动物们来到一个农家院前。狐狸很害怕这个农家院，因为他和农家院里的看家狗波波曾经有过矛盾，波波又大又壮，狐狸可惹不起他，因此，只能轻手轻脚地绕着走。

走着走着，这群动物撞上了一伙强盗，强盗有黄鼠狼、獾、貂和山猫。他们装出正义的样子，说一定要护送小兔子回到家，山猫还假惺惺地一边磨爪子一边说：“我们一定要亲眼看到万娅平安回到家里，万一再跑丢就坏了。”

此时的万娅害怕得不得了，怎么办呢？他知道这群动物的心思，他甚至能听到这些野兽的肚子里发出的咕噜咕噜的声音。到现在，万娅其实也不清楚自己在哪里、家在哪里。直到狐狸不耐烦地问他，他才急中生智，想出一个主意。他说：“说真的，我也不知道这是哪儿，我想，我可能找不到家了，我算不上是什么美味，但好歹能符合你们的胃口，眼下，你们还是想想谁能吃到我吧。”

因为这句话，动物之间很快起了内讧，除了埋怨狐狸，就是互相争抢，两两扭打起来，趁这个混乱劲儿，万娅撒腿跑开了。经过农家院时，狐狸突然窜出来，抓住了他：“嘿，小兔子，你挺聪明的嘛，不过，我早有防备，现在，你是我的了……”

万娅浑身发抖，正在狐狸张嘴要咬的时候，波波听到了响声，走了出来，他可有一笔账得跟狐狸算算呢。狐狸立刻谄媚地说：“我把兔子送给你好吗？”波波对兔子可没兴趣，他现在最想做的，就是狠狠地揍狐狸一顿。

万娅得救了，不过，他可顾不上看波波是怎么揍狐狸的，现在要做的就是赶紧跑啊，他跑过田野、跑过树木，竟然一口气跑到了家门口。机警的万娅还四处看了看，有没有动物跟过来。这时候，万娅的爸爸出来了，他问万娅：“发生了什么事吗？你一直没回来，我们正担心呢。”

万娅抖了抖小耳朵，镇定地回答：“没出什么事，我只是闲得无聊，到处玩儿了玩儿。”他想，就算我把这次历险说出来，也不一定有人会信呢。

怎样讲好这个故事

♡营造适度的紧张感

这个故事是从一只小兔子迷路开始的，迷路本来就是一件令孩子惊慌失措的事，没想到，竟然还遇到了一只狐狸！狐狸可是小兔子的天敌呀。这还不算，接下来遇到的动物更凶猛了，狼、熊、一伙强盗……每一个都惦记着要吃掉小兔子。可以说，一种紧张感一直贯穿于整个故事当中。所以，家长在给孩子讲这个故事的时候，要注意营造一种适当的紧张气氛，让孩子融入故事中，这样孩子也可以感受到最后小兔子在如此危难的境地里脱险是多么机警！不过，家长一定要注意，讲这个故事的时候，不宜营造过度紧张的气氛，过于紧张就等于恐怖，这会把孩子吓坏的，所以一定要适度。

♡安全教育

在保证安全的情况下，我们可以鼓励孩子去尝试一个人去做某件事情，比如一个人去商店买牛奶，一个人去附近的车站接爸爸……所有的尝试都带着小风险，但这些小风险是可控的，或者说对孩子来说构不成生命威胁，比如小磕碰、小害怕等。只有保证大环境安全的情况下，家长才可以放手让孩子去成长，尤其是对于行为能力还比较弱的孩子，更是如此。

在这个故事中，小兔子一个人出去了，虽然从后面的遭遇看来，他的确比较机警、聪明，但是，不管不顾地玩儿，以至于让自己迷路，这还是相当危险的。所以，对于幼小的孩子来说，家长一定要从这个角度告诫孩子，在任何时候，不要离开大人的视线，不要在无大人陪伴的情况下乱走乱跑，走丢了是很危险的，要提高孩子的安全意识。

当然，这个故事的意义不止于此，在不小心陷入危机后，小兔子的表现可圈可点，这里面有两个“点”值得和孩子探讨。

第一，小兔子虽然害怕，但是他并没有因此手足无措，而是努力稳住自己，积极想办法。所以，“遇到危险不要慌乱”这个大人跟孩子说了很多次的“理儿”在这里又得到了生动的体现，孩子多次被耳提面命，遇事不要慌，但单纯地说说可能达不到理想的效果。而通过这个故事，孩子会对这个小兔子角色有认同感，容易产生“共情”，仿佛亲历小兔子的历险过程，体验一把遇到危险要怎么做的刺激感，因此，会对“遇到危险不要慌乱”的体会格外深刻一些。

第二，小兔子万娅面对的动物，都是极端凶残的、狡猾的。强攻、对抗肯定不是什么好的选择，聪明的万娅很快发现了“敌人”之间不同寻常的互相牵制的关系，这种关系很微妙。他们虽然面目各异，但却有一个共同的目标，因此，找到对方的弱点就找到了出奇制胜的方法，于是，万娅抛出了“谁想吃到我”这样一个问题，让动物们互相厮杀，然后趁机逃走。引导孩子从这个角度理解故事，在遇到强大的对手时，要善于找到对方的弱点，出奇制胜。

好故事为什么好

人生不是只有美好的故事和可口的饭菜，不是只有玩儿不完的玩具和父母的庇护，人生还有危险、有对手、有困境……当然，还有勇敢、智慧、方法……这就是这个小故事之于孩子们最大的意义。

每个孩子都要经历一些“风雨”，大大小小的，这是孩子的成长历程，虽然有些残酷，但是，某一次的“风雨”会令孩子瞬间长大。正如小兔子万娅在经历害怕、想办法应对、脱险的历程之后，他已然变得淡定和稳重了许多。当爸爸问他发生了什么事时，他竟然抖抖小耳朵，说自己只是闲逛了一圈而已。

内心的涌动与外表的淡然形成鲜明的对比，是的，正如他所想的一样，说出去也不会有人相信。但是，他自己并没有意识到，他长大了，从这次的历险中，他应该能领悟到很多，而这，就是宝贵的成长经验呀。

智慧与勇敢，是成长赐予孩子最宝贵的品质。

29 避免跟孩子说含有阶级观念的话

为什么选择这个故事

☆公园里的散步，两个家庭两对亲子，不期而遇的故事，与孩子分享价值观。

☆美国图书馆协会年度杰出童书；英国凯特·格林纳威大奖提名奖；美国《出版人周刊》年度最佳童书；英国科特·马希拉大奖。

《公园里的声音》

小猩猩查尔斯是个男孩，他们家很富有，今天，他贵气的妈妈带着他和他们家纯种的拉布拉多犬去公园散步。

在公园里，他们碰到同样来公园里玩儿的小猩猩脏脏一家。这个名字有点儿奇怪不是吗？小女孩脏脏是和爸爸一起来的，还有他们家的狗狗艾伯特。脏脏家很穷，脏脏的爸爸还失业了，不过，这并不影响他们一家快乐地生活。

查尔斯的妈妈很不喜欢脏脏家的小狗，她觉得那只土狗太脏了，根本不配接近她家的纯种贵族犬。不过，土狗一直追着拉布拉多玩儿，这令查尔斯的妈妈更加讨厌那只土狗了。她大声吼着，让土狗走远一点，但土狗并不买账，但看上去，拉布拉多和它在一起玩得也很开心。

查尔斯的妈妈没办法，只好叫查尔斯坐在公园的长椅上，不许他乱动。可是，她正愣神想着晚餐吃什么的时候，查尔斯不见了。妈妈急死了，这些天公园里有一些形迹可疑的人，查尔斯可千万不要出什么事啊。

事实上，查尔斯没出什么危险，他在和脏脏玩儿。不过，妈妈似乎并不喜欢查尔斯和这样一个“野孩子”玩儿，她把查尔斯和拉布拉多叫到身边，不高兴地把他们带离了公园。

查尔斯本来在家无聊，妈妈才带他来公园玩儿的。事实上，他很羡慕自己家的狗狗有一个快乐的玩伴艾伯特，其实，他和脏脏也玩得很好，脏脏很活泼好动，可以从很高的滑梯上快速地溜下来，这令查尔斯又吃惊又羡慕。脏脏还敢爬上攀爬架，荡来荡去，查尔斯很快就学会了，脏脏还教查尔斯爬树。所以，正玩得高兴时被妈妈带走，查尔斯很难过，他回过头去，很留恋地看着公园，心里想着，也许下次来还能碰到脏脏，他实在太想和她一起玩儿了。

脏脏也很困惑，她家的狗狗找到一个玩伴，但是那只狗的主人很生气，为什么要生气呢？还有，她和查尔斯玩得好好的，从陌生到熟悉，在一起快乐地玩跷跷板，在公园搭建的一个小舞台上翻跟斗。为什么那位女士，也就是查尔斯的妈妈会那样不高兴呢？查尔斯看起来心情也不好。

脏脏想，真搞不懂这位阿姨心里在想什么。

脏脏的爸爸原来在家里闷得慌，才带脏脏和艾伯特出来散心的。此时的他，正在报纸上乐观地寻找新的工作机会，虽然机会渺茫，不过，有脏脏这么懂事、快乐的女儿，他觉得很满足。这不，他带着女儿和狗狗离开公园的时候，一路上有说有笑的，回到家后，脏脏还给爸爸泡了一杯好茶。

怎样讲好这个故事

♡和小朋友建立友谊要遵从自己的内心

这个故事里有两个家庭，两条狗。贵妇妈妈和不开心的儿子，外加一条纯种的拉布拉多犬，这是一个家庭。活泼的女儿和失业的爸爸，外加一条土狗，这是另一个家庭。

贵妇不喜欢自己的儿子和一个穷女孩玩儿，也不喜欢自己家“高贵”的纯种拉布拉多犬和一只普通的土狗玩儿。但是，两个孩子在一起玩得很开心，两只狗亦然。大师安东尼·布朗用这样一个故事，传递着勇于跨越阶级的传统观念。美国《出版商周刊》称该书是颂扬“人和人相处所产生的救赎力量”。

可以说，这个故事是大师安东尼·布朗所有作品里他本人最中意但也是公认的最难解读的一本作品。两个看似生活在不同阶层的家庭，孩子之间却毫无芥蒂，能玩到一起，并且玩得愉快。作者用这样一个简短的故事与孩子分享着对他们来说难以理解的观念：社会阶层与价值观。有人说，他很难理解，为什么大师安东尼·布朗在图画书界成名二十多年后，炮制出这样一部对孩子对大人都极具挑战性的作品，将一个关乎日常生活的儿童故事讲述得异常复杂。这个评论主要是针对原绘本故事的结构而言，大师用电影镜头的表现形式，将几个主角的“声音”串联，相继呈现。交叉勾勒出两个家庭产生的“阶级感”。其实对于孩子来说，家长完全可以从一个浅显的角度由表及里地去引导孩子领略这个故事所传达的观念。

比如可以和孩子探讨，你会看不起穷人家的小孩吗？会看不起同学中外地来的孩子吗？

其实，关于阶级的观念问题，说到底还是人人平等、每个人都应该受到尊重的话题。

给孩子建立一个人人平等的观念，引导孩子明白，与别的小朋友建立友谊要遵从自己的内心，你是不是喜欢对方，愿不愿意和对方玩儿。你与对方的友谊，不是看对方是不是富有的人，所谓的“高贵贫贱”都是人为划分出来的，与人的品质没有直接关系。

不必跟孩子强化“阶级”这个词汇，从人人平等的角度切入会更容易些。

好故事为什么好

其实，对于孩子来说，他们并不难理解故事中两个孩子的友谊。孩子内心本来就是非物质化的、纯真的，他们交朋友取决于内心自发的、本能的情感，而不是成人世界里的关系和利益。

所以，这个故事对于孩子来说，并不需要什么深度的挖掘与讲解。“阶级”这样的概念，幼小的孩子并不容易理解，反而是成人应该反思一下自己，在家庭教育中，我们是不是有意无意地把阶级意识灌输给孩子了呢？

比如非常典型的，“你是姐姐，要让着妹妹（弟弟）”。这句话在家庭中，或者不同的家庭孩子之间，是家长嘴里经常说出的一句话吧？其实，家长应该明白，解决孩子之间的矛盾不在于他们年纪的大小，公平才是最重要的标准和原则，父母需要换个角度让孩子理解，自己有责任去爱护、照顾弟弟妹妹（比如，“妹妹还小，站不稳，你跑的时候要小心点儿，不要撞倒她”“她摔倒后自己站不起来，需要你的帮助”），而不是毫无原则地让步。家长如若不注意这种阶级意识对孩子的影响，造成的后果很可能是大的对小的怀恨在心，而小的则仗势欺人，不愿正视自己的错误。

还有，家长会当着孩子的面说：“她是保姆，我有权骂她。”这个就很容易理解了吧。

所以说，这个故事，对于家长反思自己关于“阶级”这方面的家庭教育，帮助更大呢。希望孩子有人人平等的意识，长大之后不要在构建自己的人际关系中大搞阶级主义，家长要从自己做起。

30 把孩子讨厌的事情趣味化

为什么选择这个故事

☆麦克最害怕洗头了，因此，每个洗头日都是他的“受难日”，难道没有其他的办法可以减轻麦克洗头的恐惧吗？妈妈们，你们有什么好办法吗？

☆尊重孩子某个生理阶段的状态，对于孩子的抗拒情绪，家长要反思自己，要想办法去解决，而不是一味地强迫！

《星期二洗发日》

一周7天，你知道小男孩麦克最怕星期几吗？星期二！为什么呢？因为那天妈妈要给他洗头，而麦克最害怕洗头了。他今年3岁了，说到洗头就害怕得不行。可是，令麦克感到不舒服的究竟是什么呢？是洗发水会流到眼睛里，还是洗头的水温不合适？如果你问麦克真正的原因是什么，他往往会说："我害怕被淹死。"洗头怎么会被淹死呢？这听起来真不可思议。

每个星期二，都是一个充满了尖叫与挣扎的日子，妈妈把麦克放到浴缸里时，两人的"拉锯战"就开始了，妈妈坚决要给麦克洗头，而麦克又是尖叫又是大哭，每个星期二晚上都是如此，时间长了，麦克的姐姐丹妮和爸爸感到无法忍受，太吵了！父女俩跟妈妈提议："别强迫麦克洗头啦，为什么一定要给他洗头呢？"对此，丹妮心里甚至产生了阴影，她发誓，将来，她当了妈妈，一定不会强迫自己的孩子这样痛苦地洗头。

可是妈妈才不管那些呢，她坚持要给麦克洗头。爸爸没办法，只好说："那就用湿毛巾擦擦头吧，那样也挺干净的。"妈妈听了爸爸的话真是生气："擦一擦就干净？你不知道他的头发有多脏，那里面全是果酱、奶油，甚至还有沙子，不洗一下是绝不会变干净的。"

是的，麦克的头发上总是粘着这样那样的东西，除了妈妈说的那些，偶尔还能出现蜂蜜！与麦克的尖叫与哭闹比起来，妈妈更忍受不了脏脏的头发，所以，不管别人怎么说，星期二的时候，妈妈会坚决地把麦克放到浴缸里洗头，哭得天都塌下来也没用。

每到星期二晚上妈妈给麦克洗头时，爸爸就会走出家门躲清静，直到洗头"拉锯战"结束才会回家。而丹妮会躲到窗台前的一个大椅子上，用手指拼命地塞住耳朵，直到听不见麦克的哭闹声。

这样的星期二实在叫人不能再忍受啦，丹妮默默地想出了一个主意，她决定要试一试，让家里不再这样鸡飞狗跳。

星期一晚上，丹妮小声地问麦克："你想不想让妈妈不再强迫你洗头啊？”麦克连连点头。丹妮说：“那明天我带你去理发店，请理发师沙米帮你剪一个大光头，没有头发了，妈妈也就不会强迫你洗头了。”

麦克担心剪头会痛，又担心剪了光头以后很难看。不过，丹妮跟他保证了，剪头不痛，头发剪了还能再长出来。

星期二下午，丹妮在妈妈下班前去幼儿园接弟弟，然后带着麦克直接去了理发店，请求理发师给麦克剪一个光头。此时的理发师，正在给另一个小男孩剪头发，理发师拎起一缕头发，用剪刀咔嚓一声，一撮头发就掉到地上，剪了一小会儿，地上就都是小男孩的头发了。

麦克坐在椅子上开始发抖，剪头发看起来很可怕啊，他请求丹妮带他回家。可是丹妮提醒他今天是星期二，妈妈要给他洗头的日子。麦克才不管呢，要赶紧离开让他害怕的理发店才是最重要的。丹妮说：“好吧，如果你不怕洗头了，咱们就回家。”麦克大哭起来，丹妮只好领着他走出了理发店，不过，仍然没有忘记提醒他，今天是星期二。麦克说：“洗头总比剪光头好。”麦克还勇敢地说，这次洗头他不会再哭了。

晚上洗头时，妈妈许诺，如果不哭的话会送一份礼物给麦克。结果呢，当妈妈才给麦克的头冲水时，麦克就又哭闹起来，麦克还是很害怕洗头呢。

睡觉的时候，丹妮问麦克：“你不是说你不会再哭吗？”

麦克理直气壮地说：“我就是要哭，而且，要哭到我不哭为止。”

于是，麦克一直哭到了三岁半，才不再害怕洗头。

怎样讲好这个故事

♡不要带着功利性去讲这个故事

照顾幼儿令很多家长头大，他们有很多害怕的事，怕洗头、怕黑、怕吃青菜……做父母的，都是耐着性子，对孩子百般哄劝，但往往效果不太显著，孩子的执拗往往令家长无可奈何。就像故事中的麦克一样，孩子很可能也经历过妈妈的耐心哄劝这样一个过程，甚至在某次洗头的时候他自己也说，这次不会再哭了。但是，最后仍然哭得一塌糊涂，但可能在某一天，他突然就不哭了——孩子的许多问题其实都只是阶段性的，家长与孩子在共读这样一个故事的时候，需要理解这样一个常识。

我们无意去谴责故事中那位看似非常“粗暴”的妈妈，现实中，很多家长的行为都与这位妈妈如出一辙。值得反思的是，既然无法避免这样一个阶段，为什么不想一个办法减轻孩子洗头的恐惧与痛苦呢？比如，可以买一个洗头帽，说不定孩子就会接受洗头或者爱上洗头呢。说到底，每个人都有面对某些事物产生的负面情绪，找出方法去克服、解决情绪问题才是关键。当然，对于某些孩子来说，也许单纯的等待本身就是最好的办法。

因此，希望家长不要功利地寄希望于这个故事，期待它能帮助自己孩子攻克洗头这一难关。同理心会让孩子在听这个故事的时候会心一笑，他们会从这样的故事中获得某些相同的感受，那种被强迫、在面对不喜欢的事时孤立无援的感受，以及家长被气到无奈粗暴执行任务的窘样也会让孩子觉得似曾相识。大人也觉得似曾相识吧？

所以，如何把洗头这件事趣味化，或者说去恐惧化，才是家长和孩子应该共同探讨和解决的事情。

好故事为什么好

每个人都有面对某些事物产生的或讨厌、或害怕的感受，这个时候，如果强迫你去面对，你恐怕会非常抗拒与生气吧？

瞧我们的小主人公麦克，虽然他的确应该洗头，因为头上粘了果酱、奶油、沙子，甚至蜂蜜，但没办法，这个小孩就是害怕洗头，害怕得要命，而且说出的原因也很惊人：怕被水淹死。得了，怎么办呢？妈妈采取了不管三七二十一强行洗头的措施，任孩子哭得惊天动地，反正最后就得把头洗了才行。现实中的妈妈们，肯定觉得这场景“似曾相识”吧？

强迫孩子洗头、洗澡、吃青菜、接受打针……很多妈妈都做过吧？

很多家长似乎忘了，是不是应该站在孩子的角度去看待这些事情？尊重孩子成长的轨迹，坦然地接受孩子某个生理阶段的状态，巧妙地想些办法去应对，或者顺其自然地再给孩子多一点儿时间去成长、去改变。这样，是不是对孩子更好一些呢？

这也是这个故事带给家长的一些启示。

31 即使互不相识，陌生人之间也会相互关怀

为什么选择这个故事

☆以书为礼，直抵心灵的温暖圣诞礼物，向来自陌生人的关怀致敬，它让世界更美好！

☆感受一份来自书店的感动，即使互不相识，陌生人之间也会相互关怀。

☆入围法国儿童票选最受欢迎读物奖；入围法国克拉玛最佳绘本奖。

《星期三书店》

几乎每天，我都要去一个书店看书。而每个星期三，我都能碰到一位拄着拐杖的老爷爷。

我喜欢看漫画书，又有趣，又很快就能看完。但是那位爷爷和我不一样，他喜欢看一本比较厚的书，那是一本关于战争的书，它那么厚，爷爷看了好多天了，都没看完。我想，那场战争肯定历时好久，不然，书怎么会那么厚呢？令我困惑的是，那位爷爷为什么一定要看这本厚书呢？他戴着老花镜，看起书来会比较费劲，何况是那么厚的书，光拿着就很重了。我看漫画时，通常会被里面的情节逗得哈哈大笑，至少我是快乐的。可是那位爷爷在看书的时候，常常会用一块手帕擦自己的脸，他在哭！有一次，他发现我在看他，就说："小姑娘你不要怕，人老了，眼睛就会酸痛流泪。"但我并不那样认为，他哭肯定有别的原因。

今天，我来晚了，正赶上他要走。他慢慢地穿上大衣，慢慢地围起围巾，慢慢地把书放回原来的位置，他的每个动作都缓慢得很，我老了以后也会这样吗？那位爷爷跟书店的小姐说："但愿你们不会卖掉这本书。"

隔了一星期，我去书店时，发现那位老先生还没来。可是我已经比平时来得晚了呢，这位爷爷是不是病了呢？我有些担心他。我从书架里拿出老爷爷经常看的那本书，翻开来看。书里几乎没有我想要看的图画，只有几张素描和地图，不过，它真的是太重了。

过了一会儿，老爷爷来了，像平时一样坐在沙发上看那本书。看了一会儿就离开了，不过，他又折回了书店，对书店小姐说："我真的希望这本书不要那么快卖出去……"真奇怪，这位爷爷如此喜欢这本书，为什么不买下来呢？

转眼，圣诞节快要到了，书店小姐把店里装饰了一下，挂上了圣诞饰品，在爷爷常坐的沙发前的矮桌上，放了一些糖果。爷爷每次吃糖果的时候，剥开糖纸都要好半天。

还有三天就到圣诞节的时候，老爷爷再来书店，发现那本书不在书架上了。他想，也许是店员放错地方了，也许是自己的眼睛花了，没看清。我走过去帮他找了找，确定书真的不在书架上了。

他看起来有些失望，说："我知道，总有一天这本书要卖出去的，不过，我还没有看完，也不知道，我还有没有时间再看这本书了……"

我尝试着安慰老爷爷："或者，您可以看看漫画书，很好玩儿，而且很容易看完。"

老爷爷笑了笑，这时，店员走了过来，问老爷爷："请问您是在找那本关于马恩河战役的书吗？真不好意思，这本书当作圣诞礼物卖掉了，是今天早上的事。"

爷爷说："圣诞节快到了呀，真快。"书卖出去了，老爷爷看起来有些失望，也有些如释重负，仿佛身上背着一个大袋子，而现在，那个袋子却空了。老爷爷穿上大衣，戴上围巾，跟店员再见："祝你圣诞快乐。"这时候，店员拿出一个系着红丝带的包裹，递给老爷爷，说："祝您圣诞快乐，以后，请您偶尔回来看看我们，好吗？"

老爷爷有一点儿吃惊，随后他笑了，我也笑了，店员也笑了。

老爷爷走了出去，紧紧地抱着那个包裹。

那本书，其实也没有那么重了，不是吗？

怎样讲好这个故事

♡即使互不相识，陌生人之间也会相互关怀

整个故事从一个小书店说起，这个小书店，颇有一点小图书馆的味道，一个年幼的孩子和一个行动不便的老人雷打不动地来这里阅读。孩子喜欢图画书，有趣，可以快速阅读完。但老人喜欢一本厚厚的描写战争的书，这让孩子特别不能理解，那位老爷爷，脱衣、脱帽，每个动作都是缓慢的，那说明他很老了，但他偏偏喜欢看那样一本又厚又重的书，他的眼睛花了，看了很久都没看完，而且那似乎是一本读起来令人感到悲伤的书，不然，老爷爷为什么会哭呢？这也是很多涉世未深的小读者的疑问。

给孩子简单地描述一下，马恩河战役同很多战争一样，充满了厮杀与残酷。老爷爷一定是位参加过马恩河战役的老军人，这本书让他想起了当年战火纷飞的日子，直面过战争并幸存下来的人，内心沉积了太多的恐慌和疼痛，他可能眼睁睁地看着自己的战友死在眼前，他可能见过很多悲惨的场面，他身上甚至残存着很多伤口……所以，那样一本关于战争的书，一定勾起了老爷爷的回忆，百般感慨，无法言喻。

可以看出，老爷爷十分钟爱这本书，并且多次跟店员表示，希望这本书不要那么早卖出去。可是有一天，店员告诉他，那本书当作圣诞礼物卖出去了，然后，郑重地拿出包装好的书，递给老爷爷。这个出人意料的举动令老爷爷惊奇、感动，也令孩子和所有的读者感动，为陌生人之间所传递的那份温暖和爱——那是一份对生命的关怀，对热爱阅读的老人的致敬。

引导孩子体会这样一种情感，这样一份来自于陌生人的关怀。积极的

情感体验可以在孩子心中种下“美好”的种子，滋润他们的心灵，等待将来开出善意的花。

好故事为什么好

这是一个温暖的、感动人心的故事。

这是一个关于书店和阅读的故事，风烛残年的老军人、涉世未深的孩子，因为热爱阅读而相聚在小小的书店里。孩子不明白，为什么爷爷喜欢看那么厚重的书，而且边看边流泪，既然这样，为什么不像她一样看看有趣又很快能看完的图画书呢？孩子，等你长大就知道，那些薄薄的、有趣的能让人哈哈大笑的书，并不是唯一的书。这个世界上，还有很多好书可以令我们回顾过往，感慨万千，有难过，但更有反省与希望。

这是一个关于温暖的故事，有心的店员觉察出老人对那本战争书的钟爱，于是在圣诞节前夕将它作为礼物送给了他。不过，她和老爷爷以及读者们开了一个小小的过山车式的玩笑，更加令人感动。这个故事，结束在来自于店员对于老人的关怀与尊敬里，结束在温暖里，结束在很多读者溢满眼眶的泪花中。

孩子，请永远记住，阅读始终是一件美好的事，是一件贯穿于生命始终的事。

还有，关怀生命，也是一件让生活更美好的事。

32 释放孩子的自省能力

为什么选择这个故事

☆劳拉弄坏了查理哥哥的宝贝火箭，却把责任推到了假想伙伴索林森的头上……可是，同样在索林森的鼓励下，劳拉说出了真相。做个不撒谎的孩子最开心、最自在。

☆当孩子无意识地“撒谎”时，要如何科学地释放孩子的自省能力呢？记住，一味地质问孩子并不是明智之举，接纳并给出解决问题的方法才是应该被提倡的。

《天哪，但那不是我干的》

嗨，我是查理，我有一个有趣的妹妹，她的名字叫劳拉。劳拉自己有很多玩具，不过有时候，她很爱玩我的东西，当然，我并不是很介意。

不过这一次不同了，我用了整整10天零3小时40分钟才完成了一件作品，叫超高层火箭。我一把这个东西带回家，劳拉就围在火箭旁，一边看一边发出惊叹声。我骄傲极了，你知道我花了多少东西才制成了这个火箭吗？让我想一想，我用了3个麦片盒子，10个酸奶盒子，28个牛奶瓶盖子，157张糖果纸以及一卷大号的锡箔纸，外加两管胶水和3罐颜料，半卷胶带纸……吃惊吧，我就是用这些东西做成了这个超高层火箭。所以，我很在乎这个火箭，制作它太不容易了。我跟劳拉说：“你可以碰我的其他东西，但是你千万不要碰这个火箭，它很容易就散架的。好了，劳拉，你要发誓，你绝对不会去碰我的火箭。”

劳拉说：“查理哥哥，那我们一起玩点儿别的吧。”

我说：“劳拉，我还要找我的小伙伴马文玩儿，所以，你要自己玩一会儿，好吗？”

劳拉为难地说：“不能玩火箭，那我玩什么呢？”

了解劳拉的人都知道，她有一个只有她自己看得见的朋友索林森，所以，我建议劳拉和索林森玩一会儿。

于是，劳拉开始和只有她看得见的索林森玩起来，她们俩带着一对小土狼和一只小不点儿大象，去“森林”里冒险去了。当然，一切都是劳拉想出来的，森林就是客厅的地板。这时候，索林森对劳拉说：“大象被两只小土狼嘲笑了，哭着想要回家，怎么办？”劳拉说：“真可怜，我们一定要把它送到大象国去，可是，要怎么送它去呢？”索林森指了指查理的超高层火箭。

劳拉说：“噢，那可不行，查理哥哥说了，一定不能碰那个东西，很容易就散架的。”

索林森说：“查理哥哥是这么说过，不过，他的意思并不是说不让我们玩儿，而是玩的时候要小心一点儿吧？”

劳拉点点头，蹬在箱子上，伸出手去拿那个火箭。火箭被查理哥哥放在了书架顶端，劳拉小心地伸手够啊够，哗啦一声，没拿住火箭，反而把它碰倒了，摔在地上，碎掉了。

这下可怎么办呢。索林森说：“我们就装着什么事都没有发生，查理哥哥是不会发现的。”

劳拉说：“当然了，绝对不能让查理哥哥发现，他那么爱这个火箭。”

我回到家中时，看到碎在地上的火箭碎片，立刻火冒三丈：“劳拉，是不是你做的？”

劳拉说：“不，不，你叮嘱过我的，你说过我不许碰那个火箭的。”

劳拉在撒谎，我生气极了，这么一小会儿的时间，家里又没有来人，不是劳拉弄坏的，会是谁呢？我要把这件事告诉妈妈！

劳拉着急地拦住我，说想和索林森先说几句话，她俩商量了一会儿后，装成很严肃的样子跟我说：“查理哥哥，有一件事我必须要告诉你，这件事是究竟是谁弄坏了你的火箭。”

我倒是想听听，劳拉怎么说清楚这件事。

劳拉接着说，“是这样的，我和索林森正在玩儿的时候，大象看见了你的火箭，它很想要乘坐你的火箭去大象国。我说不行，查理哥哥说了，不能碰这个火箭的，可是大象不听。它那么可怜想要和它的朋友们见一面，我们心软了，就答应了它，所以，就一起钻进了火箭里，火箭一下子冲到宇宙中，围着地球转啊转，然后，就开始下坠，坠落到大象国的时候，你的火箭就摔在地上，成了一堆碎片。”

看我可爱的妹妹，编了一个多么好听的故事啊，不过，我还是准备要把这件事告诉妈妈。

劳拉跟索林森又商量起来。劳拉说：“查理哥哥不相信这个故事啊，我想只能把实情告诉他了，不过，他要是知道是我弄坏了他的火箭，他还会喜欢我吗？”

索林森说：“查理哥哥永远都会喜欢你的，因为你是他的妹妹呀，不过，你要和他说一声对不起。”

这时候，我在自己的房间里生气。劳拉过来敲门，她说：“是我不小心弄坏了你的火箭，查理哥哥，我真的很抱歉，对不起，我不该弄坏你心爱的东西。”

我打开门，看见一脸后悔表情的劳拉，拥抱她，她说了真话，我应该原谅她。不过，这会儿工夫，我差不多已经把火箭修好啦。劳拉欢喜地伸出手去，嘿，劳拉，不要再碰了哦。

怎样讲好这个故事

♡如何对待小朋友无意识的撒谎

查理费了很大力气完成了一件作品，再三叮嘱劳拉不要碰。但劳拉总是很聪明地想出看似合理的理由。引导孩子明白，故事中的索林森其实是另一个“劳拉”，她是在与自己内心的一个小人儿对话。

孩子通常会无意识地撒谎，有时候只是一种要小聪明的表现，正如故事中的劳拉，她编的那个火箭坠落的故事，在她看来，是能说服别人的。但在旁人看来，那是非常可笑，且不攻自破的。因此，孩子的这种“撒谎”，需要家长科学地对待，要科学地引导孩子对自己的行为负责。

现实中，很多孩子的撒谎是被迫的、具有防御性的。比如，妈妈发现孩子把牛奶洒在了地上，通常会很严厉地问：“是不是你洒的？”这样的明知故问，其实是在逼孩子撒谎。通常来说，陈述事实，与孩子进行交流的最终目的，是为了解决问题，而不是为了证明孩子的错误。“洒了没关系，妈妈和你一起擦掉吧，不过下次要小心一点儿，好不好？”像这样接纳并给出解决问题的方法才是应该被提倡的。一味地质问孩子并不是明智之举。

这个故事中，劳拉弄坏了查理的火箭，但劳拉并不想承认是自己做的，而查理最终采取了“冷暴力”的处理方式，在扬言要告诉妈妈后，关上门，暗暗地修复火箭。而劳拉经过思想斗争以后，向哥哥低头道歉，请求谅解。这是孩子之间的处理方式，其实哥哥的做法虽然称不上科学，但已经做得相当不错了。

关于如何对待孩子的说谎问题，并不是一句两句就能说得清楚的。所以，这个故事，除了和孩子分享兄妹之间的搞笑生活之外，家长应该学习一下孩子说谎的科学应对方法，可以更加科学地释放孩子的自省能力，引导孩子对自己的行为负责，以便能够在面对问题的同时找出解决问题的方法，而不是逃避与躲闪。

好故事为什么好

“查理和劳拉”系列，每个故事都令人忍俊不禁，小小的劳拉是有趣的，她有着小小的固执、小小的聪明、小小的可爱。虽然有时候会觉得她很烦，但终归是童趣更多。亲子共读的时候，孩子会“共情”于这个可爱的孩子，而家长在劳拉身上，总是可以获得“科学地看待孩子的某些行为”的思考。例如，“查理与劳拉”系列之《我绝对绝对不吃番茄》，可以让家长把头痛的吃饭问题趣味化；《喂！等一下，那是我的书》，可以让家长客观地看待孩子的执拗。而通过上文这个故事，对于孩子说谎的问题，家长又可以获益不少。

所以说，读“查理和劳拉”系列故事，家长除了和孩子分享趣味故事之外，会更多地受益于故事折射出的解决之道。科学地看待孩子的行为模式，并加以适当引导，才能让孩子健康快乐地成长。

33 梦境与现实是两回事

为什么选择这个故事

☆在爷爷奶奶家看的电影里有只可怕的巨狼，从此，丽莎每天晚上都会做噩梦。卡斯波和姐姐都来安慰他，爸爸也想出个好主意，做了陷阱捉狼，但还是不行。怎么办呢？

☆帮助孩子区分幻想与现实，正面引导孩子克服恐惧心理，给孩子多一点儿成长的时间与空间。

☆“丽莎与卡斯波”系列故事之一，源自法国，风靡于日本，它极具风采，曾被译为多种语言，受到世界各地、各年龄段读者的深深喜爱！截至目前全球销量已经超过180万册。

《丽莎的噩梦》

我是小兔子丽莎，今天我去爷爷奶奶家玩儿的时候，看了一部可怕的电影，讲的是一只狼把小孩儿吃掉的故事。我真害怕啊，和妈妈回家的时候，我紧张地四处看，不停地告诉自己，说没有狼没有狼，但还是忍不住一路小跑着回了家。

晚上，我做了一个噩梦，梦见一只巨大的黑狼不停地追我，我拼命地跑啊跑，竟然吓醒了。妈妈只好过来哄我睡觉，还一直开着灯，不过，我还是很害怕，睡着了的时候，又梦见了大黑狼，它竟然抓住了我的尾巴，真可怕。

去学校后，我把做的梦讲给我的小伙伴卡斯波听。卡斯波告诉我说，世界上根本没有巨狼。我很愿意相信卡斯波说的是真的，但我还是希望他陪在我身边。

晚上吃饭的时候，我不停地跟爸爸确认，我们家里到底有没有狼。爸爸把姐姐叫过来，他认为，姐姐能哄我开心。事实上，姐姐确实卖力地想办法逗我开心，她装着满屋子找狼的样子，打开衣柜，在床底下看了看，甚至把我的小红盒子打开查看。然后，像个大人一样哄我："看，哪里有狼？我都检查过了，你可以安心地睡觉了。真是的，就算有狼，也不会吃你啦，你太瘦了，狼可不喜欢你这样的。"

不过，姐姐的方法似乎并没有效果，晚上，我又做了一个大噩梦，而且比昨天晚上的梦还可怕。

早上吃早点的时候，爸爸说："不如我们做个陷阱把狼捉住吧。"他找了一本画着狼的书，放在了垃圾桶上，然后，“狼”栽进了垃圾桶里，爸爸又把我的黑猩猩找来，倒挂在门框上吓唬狼，又提议在地上洒点儿油，好让一进门的狼摔个四脚朝天。不过，妈妈不允许我们这样做，她不希望地上有油。

情况还是很糟糕，晚上的时候，我又梦见了大黑狼。

第二天，爸爸带着我们全家去动物园玩，还邀请了我的好朋友卡斯波。卡斯波一直忙着看啊看，他想在公园关门前，看完所有的动物。

我没有那么着急，看了几个动物，然后来到了一个笼子前，笼子上有个牌子，上面写着“狼”。

我朝着笼子里面一看，看见了一只白色的狼。它看起来比我们老师家的狗高一点儿，但并不比那只狗可怕。

我一直站在笼子前面看，看了很久。我还给它起了一个名字叫作弗里皮。这样，以后我睡觉的时候一叫它的名字，就能看到它——这只并不可怕的白狼。

从此以后，我再也没有做过黑狼的噩梦了。

怎样讲好这个故事

♡帮助孩子区分幻想与现实

通读完这个故事后，可以请孩子想两个问题：为什么丽莎总会做噩梦遇见大黑狼呢？为什么丽莎在动物园看到白狼以后，就摆脱了噩梦呢？

这两个问题，主要是帮助孩子区分幻想与现实的差别。

黑狼是丽莎想象出来的。孩子在特定的发育阶段，总会经历害怕这种情绪。怕黑、怕藏在床下或柜子里的怪兽、怕一个人睡觉……孩子天生具有丰富的想象力，他们无意中接触的东西，很可能会被他们想象成让自己害怕的怪物。可以说，在相当长的一段时间里，孩子是在玩幻想游戏，大黑狼、大怪兽，各种奇形怪状的东西都是孩子想象的一部分，这些东西，可以用于白天的游戏，也可以用于晚上的“自我折磨”。到了睡觉的时候，孩子在黑黑的房间里开始自己吓唬自己。其实，那是因为孩子还在学习区分幻想与现实，所以，对他们来说，床下或者柜子里一定有可怕的东西，这种想法是完全可以理解的。

所以，这个故事的意义之一就是帮助孩子们认识到，其实，大黑狼是丽莎想象出来的，梦境与现实是不同的。帮助孩子明白真实的危险与幻想的危险，比如，与陌生人说话、搭乘陌生人的车是真实的危险，而柜子里的恶怪和巫婆之类的，则是幻想的危险。这样的区分过程也相当于是顺带做一次安全教育。

♡响应孩子的需求，积极想办法帮助孩子克服恐惧情绪

故事中，丽莎总是害怕，不停地跟爸爸和小伙伴卡斯波确认，有没有大黑狼。而爸爸想尽了各种办法帮助丽莎克服心理恐惧，却收效甚微。最后，还是动物园里真实存在的白狼打消了丽莎心中的焦虑。所以说，帮助孩子克服已有的恐惧情绪是需要尝试不同方法的，甚至是需要等待的。

如果自家的孩子也有类似丽莎这样的害怕情绪的话，不妨借助这个故

事和孩子沟通一下，了解孩子内心的需求，尝试着在睡前给孩子看一些快乐的故事书，或者鼓励孩子抱着喜爱的玩具入睡，或者提高陪伴孩子的质量。总之，要给孩子成长的时间和空间。

好故事为什么好

心理学家研究表明，婴儿生来惧怕两样东西：一是怪而大的声音，二是身体失去支持和跌倒。其他的惧怕心理都是后来养成的。成人恐吓或家长遇事大惊小怪都会影响孩子，使他们产生惧怕心理。

这个故事的开始就给了家长一些提醒：不要让幼儿接触恐怖的文艺作品，或者相关的东西，幼儿加上自己的想象，很容易分不清幻想与现实，沉浸在自我构建的恐怖世界里不能自拔。丽莎只是看了一个狼吃小孩儿的电影，就开始每晚被噩梦纠缠，爸爸与姐姐用尽各种办法帮助他，始终没有什么效果。最后，还是现实中的狼起到了作用。丽莎终于摆脱了大黑狼的纠缠。

其实，孩子的成长是一个漫长的过程，也可以说，每个孩子都不可避免地要经历这样一个发育阶段。做家长的，心态要平和、自然，不要过分焦虑或过度关注，多给孩子一些正面的引导和克服恐惧的方法，多加等待，孩子自会顺利地度过这一成长阶段。

34 如何面对孩子的第一反抗期

为什么选择这个故事

☆因为妈妈要把阿尔菲的小红鞋送人，愤怒的阿尔菲决定离家出走，可是，他一个人还不足以独立生活，怎么办呢？

☆如果有一天，你的孩子因为一点儿小事，就煞有介事地宣布“我要离家出走”，你要如何处理呢？

☆美国威斯康星麦迪逊大学教育学院童书中心选书。

《阿尔菲出走记》

小男孩阿尔菲有很多不喜欢的事情，如洗澡，整理小床，吃土豆……但是，目前出现了一件让阿尔菲更不喜欢的事，妈妈要把他最喜欢的一双小红鞋送人！

阿尔菲真是生气啊，他抓起自己的小枕头和小被子，穿上小红鞋，向妈妈宣布："他要离家出走！"

妈妈说："噢，你要离家出走啊，可是你不能穿着这双小红鞋走，它对于你的脚来说太小了。"阿尔菲生气地说："不，一点儿也不小，我穿着刚刚好呢，我要走了啊。"

妈妈说："离家出走后会很渴的，我帮你接点凉水，你拿着，会有用的。"说完，接了一壶水给阿尔菲，阿尔菲说了一声"再见"，准备离开家。妈妈又拿出一只手电筒，说："到了晚上，哪儿都是黑黑的呢，手电筒可以用来照明。"阿尔菲又接过了手电筒。

妈妈说："黑夜可是长得很呢，你需要多准备几节电池，省得手电筒没电了。"阿尔菲又不情愿地接过了几节电池。

这么多东西，阿尔菲拿不了，一会儿掉了这个，一会儿掉了那个，于是，妈妈又拿出一个大背袋，建议阿尔菲把这些东西，连同他的小枕头和小被子都一起放进去。

妈妈又问："你要带点儿吃的吗？"当然，阿尔菲生气地想，这还用问吗，不带肯定会被饿死的。于是，妈妈从冰箱里拿出了花生酱和几块饼干，递给了阿尔菲。阿尔菲拖着一大包东西朝门口走去。妈妈说："阿尔菲，我会想你的。"阿尔菲白了妈妈一眼："我更想留住我心爱的小红鞋。”

妈妈说：“不过，阿尔菲，我想你的巴迪熊会想你的，还有，你也许想要看故事书，跟巴迪熊讲睡前故事，你觉得呢？

于是，阿尔菲又跑到自己的房间里，把玩具巴迪熊拿过来，又找了三本故事书，一同装进了布袋里。

妈妈跟阿尔菲说：“你要走了，我可以拥抱一下你吗？我可以在你的布袋里放一个拥抱。”说完把胳膊伸进了布袋里，阿尔菲觉得妈妈的动作傻气得很。在妈妈叮嘱他要小心的时候，阿尔菲头也不回地走出了家门。

他走到了后院的门廊处，一步步走下台阶，天啊，背上的包太重了，阿尔菲觉得自己的后背生疼生疼的，他不得不停下来，把包里的小毯子拿出来铺在地上，把小熊和枕头都拿出来，又把花生酱抹在饼干上，吃了几块，喝了几口水，手电筒暂时用不上，阿尔菲把它和几块电池放在了毯子的一角。这时候，天越来越热，阿尔菲的脚很不舒服，于是，他把小红鞋脱下来，给巴迪熊穿上。

阿尔菲把脚伸到草地上，头枕在巴迪熊身上躺下，他打了一个哈欠，想给巴迪熊讲一个故事，可是，他几乎困得都不想说话了，他问巴迪熊：“你是不是也开始怀念我们的小床呢？”

时间一点儿一点儿过去了，太阳慢慢落山了，阿尔菲甚至觉得有点冷了，他掀起口袋，想找一找妈妈的拥抱，可是，口袋里空空的，阿尔菲回头望着自己的家，这时候，他看见妈妈张开双臂向他走来。阿尔菲高兴地说：“巴迪熊，妈妈的拥抱来了，我们不用再离家出走了，这双小红鞋子你穿得上，并且永远都不会小。”

阿尔菲紧紧地和妈妈拥抱在一起。

怎样讲好这个故事

♡感受智慧教育，感受深情母爱

不就是把一双穿不了的小鞋子送人吗？阿尔菲这个孩子至于生那么大的气，要离家出走吗？如果作为家长的您发出这样的感叹，那么不妨在与孩子共读这个故事之前，先了解一下什么是儿童“第一反抗期”。

从孩子大声地对你说“不”开始，他就已经进入人生的第一个反抗期，你会感到孩子处处与你作对，一些不起眼的小事，都会引发亲子间的冲突，处理不好的话，你往往感觉到沮丧、失落，甚至对自己的教育能力表示怀疑。心理学家把这种儿童成长中出现的亲子冲突形象地比喻成“儿童的反抗期”。

按照过去的理论，大多数孩子是从两岁开始叛逆，甚至在英语里有一个专门的词汇叫“the terrible twos”，来形容这个“可怕的两岁”。根据现在的数据，孩子的叛逆期都提前到了一岁半。

不过，家长大可不用紧张，这是孩子自我意识发展的正常过程，不管你为孩子精心营造了怎样的成长环境，反抗期仍然会如期而至！与孩子发生冲突并不可怕，甚至对于成长来说十分必要，关键是你如何处理与孩子的冲突，帮助他安然度过这一时期。

这个故事中的妈妈为家长们作出了表率，面对孩子的“离家出走”，她仿佛是在与孩子玩了一场游戏一样，没有急躁，没有对抗，而是采取了

“温柔”政策：啊，你要离家出走啊，那么带点儿这个吧，带点儿那个吧，外面很黑，带上手电筒吧……待到孩子又累又无助的时候，她及时敞开了自己的怀抱。这让我们看到了妈妈对孩子的耐心和爱，也看到了教育的智慧。

所以，在亲子共读的时候，可以请孩子多去体会妈妈对于阿尔菲的爱。家长则要借此多学习一些科学对待孩子反抗期的技巧与原则。比如，孩子反抗时，不宜与孩子对抗，不宜用家长的权威让孩子屈服，也不宜一味地顺从孩子，无限制地满足他，冷处理或者转移注意力、因势利导等都是不错的方法。家长可根据自家孩子的性格与当下的状况对症下药。

好故事为什么好

教育也要与时俱进。

你听过孩子的“第一反抗期”吗，听说过“the terrible twos”吗？你知道孩子的叛逆期都提前到了一岁半了吗？你还认为才一岁半的孩子，就应该乖乖的吗？当孩子大声地对你说“不”，与你作对，小小年纪就扬言要离家出走时，你是会哑然失笑，还是会愤怒当头呢？你将如何面对孩子的反抗期呢？

这个故事以孩子反抗期中典型的案例“离家出走”为载体，呈现出这一时期孩子的生理与心理特点，呈现出为人父母者的智慧教育。不得不说，这个故事给很多头疼孩子“反抗”的父母上了一堂生动的教育课。

很多家长，习惯于用大人的权威让孩子屈服：“你为什么还不睡觉？

快睡！”孩子气鼓鼓地，理直气壮地回答：“我就不睡！”有压迫就有反抗，有反抗就有冲突，亲子冲突会挫伤孩子的自尊心与存在感，也会令家长感到失败与沮丧。

如何让处于反抗期的孩子顺利度过这一成长阶段，是摆在家长面前的人生命题，父母在了解孩子的反抗期特点以后，要注意因势利导，给予正确、合理的教育，帮助孩子顺利度过反抗期。

35 以善良对待他人，他人也会回报以善良

为什么选择这个故事

☆牢骚先生恨透了鳄鱼莱莱，可是，莱莱最终用它的善良让牢骚先生和他的宠物猫洛洛冰释前嫌、化敌为友。

☆在孩子的心中种下善良的种子，以善良对待他人，他人也会回报以善良。

☆入选纽约公共图书馆“每个人都应该知道的100本绘本”；美国《学校图书馆》《号角》《书单》鼎力推荐。

《鳄鱼莱莱》

在东区88大街上有一座房子，那里面住着温暖先生一家和一条鳄鱼，鳄鱼的名字叫莱莱。温暖先生一家很喜欢莱莱，莱莱和这家人住在一起，感觉很快乐。莱莱还能帮助小主人温习功课呢。

不过，有一个人非常不喜欢莱莱，那就是温暖先生的邻居牢骚先生。他的猫洛洛每次见到莱莱都会被吓得浑身哆嗦，虽然莱莱对它表现得很友好，但是，莱莱越展示友好的露齿笑，猫就越害怕得不得了，自家的猫被吓成这样，牢骚先生把一肚子气都撒在莱莱身上，他对着莱莱愤怒地吼："总有一天会让你好看！"

莱莱只好逃回家中，在家里和小主人的小伙伴们一起玩捉迷藏。莱莱会的本事可多了呢，他会连续跳绳、会跳高。不过有一次，出来放风的洛洛见到莱莱，吓得躲到树上，人们怎么劝都不下来，直到牢骚先生回来，安抚了半天，才肯钻到牢骚先生的怀里。这下，牢骚先生更恨莱莱了。

为了安全起见，接下来的几天，温暖太太都让莱莱待在自己身边，帮忙做些吃的，或者带它去城市逛街，在溜冰场滑冰。一天，温暖太太带着莱莱去一家商场买东西，不巧的是，这家店就是牢骚先生身居要职的那家。这些，温暖太太和莱莱都不知情。这时，商场广播睡衣区有促销活动，顾客们听到这个消息，一拥而上去抢睡衣，把温暖太太和莱莱挤散了。

莱莱随着人流往前走的时候，遇到了一个"老熟人"哇啦啦先生。他们原来是搭档，共同表演，还巡回演出过呢。不过，那段日子并不是很愉快，尽管这样，莱莱和哇啦啦先生见到彼此，还是很高兴。哇啦啦先生在这家店里当店员卖睡衣，不过，见到莱莱，他早把卖衣服的事忘得一干二净了，竟然和莱莱忍不住表演起以前的节目来。

那头，温暖太太正在焦急地寻找莱莱，而这头，莱莱和哇啦啦先生的表演吸引了众多的人观看，人们也不买睡衣了。这下，把赶来视察的牢骚先生气坏了，究竟是谁搅黄了他的生意呢？这一看不要紧，竟然是他恨得咬牙切齿的莱莱！当下，他生气地把哇啦啦先生解雇了，并且在第二天，拿着一张授权书出现在温暖先生家门口。根据相关规定，莱莱必须要去动物园了。

温暖先生一家尽管不舍，但也没有办法，只好由着牢骚先生把莱莱送进了动物园。他们一家经常去动物园看望莱莱，温暖太太总是问莱莱，“你住得惯吗？休息得好吗？和其他鳄鱼相处得怎么样？地板潮吗……”莱莱每次都表现得很开心的样子，天知道，他很不习惯动物园里的生活。温暖太太也看出来了，不过她一点儿办法都没有，只有暗暗地掉眼泪。

有一天晚上，动物园来了一位新的管理员，竟然是哇啦啦先生。他来的当天晚上，就把莱莱放出了动物园，计划要带着它重新开始演出，不过，要去一个很远的地方。莱莱舍不得温暖先生一家，想要回到88大街去看一眼。哇啦啦先生成全了莱莱的心愿，于是和莱莱来到了那座楼前。令人吃惊的是，他们闻到了浓烟的味道。仔细一看，是牢骚先生家着火了，哇啦啦先生负责报警，而莱莱挺身而出，去营救还在睡梦中的牢骚先生和他的猫。

牢骚先生得救了，猫也得救了，人们都知道了莱莱的英雄事迹。牢骚先生激动地说：“感谢莱莱，它是世界上最勇敢无畏、最善良可爱的鳄鱼了。如果能重新和它做邻居，那将是我最大的荣耀。”

那天晚上，莱莱回到了熟悉的家中。而哇啦啦先生，执意要去追求自己的演出梦想，温暖先生一家和牢骚先生为他举办了告别晚宴。牢骚先生甚至说，自己店里的位置永远为他留着。

此时，每个人都快乐无比。当然，还有那只经常被吓坏的猫，现在，他和莱莱成了最好的朋友呢。

怎样讲好这个故事

♡以善良对待他人，他人也会回报以善良

鳄鱼莱莱很善良，牢骚先生家的猫洛洛很敏感，鳄鱼露出牙齿对着洛洛报以微笑的时候，洛洛却害怕得要死。莱莱并不知道，并不是所有人都喜欢它露出大牙齿的样子，尤其是一只敏感又弱小的猫。自家的猫被吓成那样，引燃了主人牢骚先生的火爆脾气，迟早有一天要收拾这只鳄鱼的想法蓄势待发，终于，他等到了机会，一纸授权书将莱莱关进了动物园。不过，善良的莱莱并没有因此仇恨牢骚先生，却在危急时刻挺身而出，救牢骚先生与洛洛于火灾之中，它最终用善良感动了这对不太好相处的邻居。

通过这个故事引导孩子懂得：以善良对待他人，他人也会回报以善良。

很多家长担心自己的孩子太善良，容易被人欺负，殊不知，善良并不是一味地忍让、胆怯或者懦弱，而是能够去爱别人，理解别人的处境，不去伤害别人。这样的能力需要强大的内心支持。其实，无论哪个孩子，在他刚出世的时候，都具备善良的品质，但这种品质在成长的过程中，会受到很多的影响，会损害这种品质。

假如，莱莱失去自由后，痛恨牢骚先生，并伺机报复，那也就没有最后的冰释前嫌、一团和气的结局了。莱莱用实际行动告诉孩子们，如果别人伤害了你，而你却能够保持一颗宽容与善良的心去对待别人，那么他人终将会回馈给你感激与善良。

一个善良的人，才会减少与这个世界的摩擦，成为幸福的人。

好故事为什么好

感谢这只又会表演又善良的鳄鱼，它让孩子们看到善意的力量。

善良是一种多么宝贵的品质，而要做到宽容、善意地对待伤害过你的人，又是多么不易。莱莱对孩子们来说，是一个学习的榜样，一开始，它或许没有找到合适的方式与牢骚先生和猫相处。但是，它最终用实际行动让牢骚先生和猫感受到，它是没有恶意的，它是友好的，虽然这个过程经历了一些不愉快，但他们之间最终建立了彼此信任，彼此友爱的关系，尤其是洛洛，它对莱莱的心理障碍完全消除了。

说起善良，不由得令人想起“孩子扶老人反被讹”的社会新闻。这令很多父母心里惶惶不安，但是，在孩子的素质教育上，绝不能因噎废食，教孩子变得自私和冷漠。要引导孩子懂得如何保护自己，在保护好自己的基础上去救助别人。

孩子，这个社会很复杂，坚持善良更需要勇气、更需要智慧。

《不来梅的音乐家》

〔德〕格林兄弟 文，〔英〕贝妮黛·华兹 图，陈继华 译.武汉：湖北少年儿童出版社，2009.

《沙发底下藏着什么》

〔英〕玛格丽特·马伊 文，〔英〕波丽·邓巴 图，马烁雅 译.武汉：湖北美术出版社，2009.

《鼠小弟，长大以后做什么？》

〔日〕中江嘉男 文，〔日〕上野纪子 图，〔日〕猿渡静子 译.海口：南海出版公司，2011.

《莎娜想要演马戏》

〔德〕古德荣·梅布斯 文，〔德〕昆特·布霍茨 图，王星 译.北京：新星出版社，2012.

《魔奇魔奇树》

〔日〕齐藤隆介 文，〔日〕泷平二郎 图，彭懿 译.北京：新星出版社，2012.

《高空走索人》

〔美〕莫迪凯·葛斯坦 文/图，王林 译.海口：南海出版公司，2011.

《欧先生的大提琴》

〔美〕简·卡特勒 文，〔美〕格里·库奇 图，熊苗谷 译.石家庄：河北教育出版社，2010.

《一定要比赛吗》

〔美〕洁米·李·柯蒂斯 文，〔美〕劳拉·康奈尔 图，范晓星 译.海口：南海出版公司，2011.

《爸爸的围巾》
〔日〕阿万纪美子 文，〔波兰〕麦克·格雷涅茨 图，蒲蒲兰 译.南昌：二十一世纪出版社，2009.

《我好想你》
〔瑞士〕萨维勒·德沃斯 文，〔瑞士〕格阿第诺·爱尔施诺 图，三禾 译.成都：四川少年儿童出版社，2007.

《妈妈，你好吗》
〔日〕后藤龙二 文，〔日〕武田美穗 图，蒲蒲兰 译.南昌：二十一世纪出版社，2008.

《奶牛的埋伏》
〔德〕亚历山大·史蒂芬斯迈尔 文/图，陈琦 译.南昌：二十一世纪出版社，2011.

《雪花人》
〔美〕杰奎琳·布里格斯·马丁 文，〔美〕玛丽·阿扎里安 图，柯倩华 译.石家庄：河北教育出版社，2007.

《杰德爷爷的理发店》
〔美〕玛格丽·金·米契尔 文，〔美〕詹姆斯·瑞森 图，柯倩华 译.石家庄：河北教育出版社，2012.

《爷爷的墙》
〔美〕伊夫·邦廷 文，〔美〕罗纳德·希姆勒 图，刘清彦 译.石家庄：河北教育出版社，2010.

《最想做的事》
〔美〕玛莉·布雷比 文，〔美〕克里斯·K.索恩皮 图，梅子涵 译.武汉：湖北少年儿童出版社，2009.

《开往远方的列车》
〔美〕伊夫·邦廷 文，〔美〕罗纳德·希姆勒 图，刘清彦 译.石家庄：河北教育出版社，2010.

《喂！等一下，那是我的书》
〔英〕罗伦·乔尔德 文/图，漪然 译.南宁：接力出版社，2007.

《天空在脚下》
〔美〕埃米莉·阿诺德·麦卡利 文/图，孙晴峰 译.石家庄：河北教育出版社，2009.

《玛德琳》
〔美〕路德维格·贝梅尔曼斯 文/图，颜叙 译.北京：新星出版社，2013.

《快点儿妈妈，等会儿爸爸》
〔德〕德沃思 文，〔德〕蒙考伯勒 图，王星 译.乌鲁木齐：新疆青少年出版社，2009.

《我爱我的爷爷》
〔奥地利〕沃尔夫·哈兰斯 文，〔奥地利〕克里斯蒂娜·奥珀曼·迪莫 图，赖雅静 译.石家庄：河北教育出版社，2009.

《苏菲的杰作》
〔美〕艾琳·斯安内利 文，〔美〕简·戴尔 图，柯倩华 译.石家庄：河北教育出版社，2008.

《先左脚，再右脚》
〔美〕汤米·狄波拉 文/图，柯倩华 译.石家庄：河北教育出版社，2011.

《强强的月亮》
〔西班牙〕卡门凡佐尔 文/图，郝广才 译.武汉：湖北美术出版社，2009.

《艾莉丝的树》
〔美〕伊夫·邦廷 文，〔美〕罗纳德·希姆勒 图，刘清彦 译.石家庄：河北教育出版社，2011.

《孩子，你的名字叫幸福》
〔德〕维尔纳·霍尔茨瓦特 文，〔德〕亨宁·勒莱因 图，陈敏 译.天津：新蕾出版社，2013.

《万娅和野兽》
〔德〕邬铎·魏格尔特 文，〔克罗地亚〕薛蓝·约纳科维奇 图，刘海颖 译.石家庄：河北教育出版社，2010.

《公园里的声音》
〔英〕安东尼·布朗 文/图，宋珮 译.石家庄：河北教育出版社，2012.

《星期二洗发日》
〔以色列〕乌里·奥列夫 文，〔德〕雅基·格莱希 图，洪翠娥 译.石家庄：河北教育出版社，2009.

《星期三书店》
〔瑞士〕西尔维·尼曼 文，〔法〕奥利维耶·塔莱克 图，李旻谕 译.北京：北京联合出版公司，2012.

《天哪，但那不是我干的》
〔英〕罗伦·乔尔德 文/图，漪然 译.南宁：接力出版社，2007.

《丽莎的噩梦》

〔法〕安·居特曼 文，〔法〕乔治·哈朗斯勒本 图，孙敏 译.南昌：二十一世纪出版社，2010.

《阿尔菲出走记》

〔美〕肯尼思·M.卡多 文，〔美〕劳伦·卡斯蒂略 图，代冬梅 译.南昌：二十一世纪出版社，2013.

《鳄鱼莱莱》

〔美〕伯纳德·韦伯 文/图，漆仰平 译.北京：新星出版社，2012.